跨境
电商支付与结算

蒋彩娜　舒亚琴◎主编
易　静　程洁丽　吴莎莎◎副主编

电子工业出版社
Publishing House of Electronics Industry
北京·BEIJING

内 容 简 介

本书主要讲述了跨境电商支付与结算的理论知识。本书共 8 章，从跨境电商支付与结算综述、线上线下支付与结算方式、国内外跨境电商支付与结算平台，以及跨境电商支付与结算的金融、税务、技术分析等方面阐述了跨境电商支付与结算的相关知识点，使读者能够对跨境电商支付与结算有相对全面的了解。

本书理论性较强，适用于读者储备跨境电商方面相关基础知识，为跨境电商实践提供强有力的支撑，既可作为国际贸易、电子商务、工商管理、商务英语等专业专科教材，也可供跨境电商初学者、创业者、社会学者阅读。

未经许可，不得以任何方式复制或抄袭本书之部分或全部内容。
版权所有，侵权必究。

图书在版编目（CIP）数据

跨境电商支付与结算 / 蒋彩娜，舒亚琴主编．—北京：电子工业出版社，2021.10
ISBN 978-7-121-42074-0

Ⅰ．①跨… Ⅱ．①蒋…②舒… Ⅲ．①电子商务－银行业务－高等学校－教材 Ⅳ．①F830.49

中国版本图书馆 CIP 数据核字（2021）第 192063 号

责任编辑：杨洪军　　　　　特约编辑：田学清
印　　刷：北京七彩京通数码快印有限公司
装　　订：北京七彩京通数码快印有限公司
出版发行：电子工业出版社
　　　　　北京市海淀区万寿路 173 信箱　　邮编：100036
开　　本：787×1092　1/16　印张：12.5　字数：274 千字
版　　次：2021 年 10 月第 1 版
印　　次：2023 年 12 月第 5 次印刷
定　　价：49.80 元

凡所购买电子工业出版社图书有缺损问题，请向购买书店调换。若书店售缺，请与本社发行部联系，联系及邮购电话：（010）88254888，88258888。

质量投诉请发邮件至 zlts@phei.com.cn，盗版侵权举报请发邮件至 dbqq@phei.com.cn。

本书咨询联系方式：（010）88254199，sjb@phei.com.cn。

前　言

近年来，随着互联网、大数据、人工智能等新技术的发展，外贸新业态、新模式快速发展，跨境电商发挥突破时空限制、低成本、高效率的独特优势，成为企业开展国际贸易的首选和外贸创新发展排头兵，超万家传统外贸企业触网上线、提质增效，贸易创新发展动力强劲。跨境电商的业务流程涉及三流——资金流、信息流、物流。其中，资金流反映了支付流程。传统进出口贸易使用较多的是直接支付的方式，也就是通过银行发生的支付，但是传统的跨境电商支付与结算方式不能有效满足小额、高频的跨境电商支付的需求，所以产生了新的跨境电商支付方式，如第三方支付。

近些年跨境电商飞速发展，但是适应市场需求的跨境电商人才存在大量缺口。目前，不少高校，特别是以应用型人才培养为主的院校，已经陆续增设了跨境电商相关的专业课程，本书对应的跨境电商支付与结算课程就是跨境电商人才培养所需的一门专业必修课程。目前很多高校在开设本课程时还存在不少困难，其中一个重要的原因就是缺乏适用的教材。

基于市场对跨境电商支付与结算人才的需求和高校教学的需求，本书编者在借鉴中外学者的研究成果和利用互联网资源的基础上编撰了本书。本书包括8章，第1章是跨境电商支付与结算综述，第2~5章是从线下线上支付与结算方式到国内外跨境电商支付与结算平台的介绍，最后3章主要是对跨境电商支付与结算的相关分析，包括金融、税务、技术方面的分析。本书从概念到核心技术分析，知识点覆盖比较广泛，每章均配有思维导图，让学生在学习每章时有清晰的思路和方向；每章还配有课后习题，让学生在学习后能够巩固所学知识和拓展知识面。

本书的参考学时为48学时，各章学时见下表。

章　号	章　名	学　时
第1章	跨境电商支付与结算综述	4
第2章	线下支付与结算方式	6
第3章	线上支付与结算方式	6
第4章	国内跨境电商支付与结算平台	8
第5章	国外跨境电商支付与结算平台	8
第6章	跨境电商支付与结算的金融分析	6
第7章	跨境电商支付与结算的税务分析	6
第8章	跨境电商支付与结算的技术分析	4
总计		48

本书由武汉工商学院的蒋彩娜、武汉晴川学院的舒亚琴担任主编,由武汉晴川学院的易静、程洁丽、吴莎莎担任副主编。其中,第 1 章和第 3~5 章由舒亚琴编写,第 2 章由吴莎莎编写,第 6 章由程洁丽编写,第 7~8 章由蒋彩娜和易静编写。本书在编写的过程中也得到了武汉工商学院和武汉晴川学院同人们的指导和帮助,编者在此表示衷心的感谢。

由于时间仓促,以及编者的水平和经验有限,加上国内外跨境电商支付与结算方面的研究成果较少,本书难免有待改进之处,恳请广大读者批评指正。

编　者

2021 年 6 月

目 录

第1章 跨境电商支付与结算综述 1

1.1 传统支付方式与电子支付方式 2
    1.1.1 传统跨境贸易与跨境电商的区别 2
    1.1.2 传统跨境贸易和跨境电商的发展现状 4
    1.1.3 传统支付方式 5
    1.1.4 电子支付方式 6

1.2 跨境电商支付与结算概述 8
    1.2.1 跨境电商支付与结算的概念 9
    1.2.2 跨境电商支付与结算的发展现状及展望 10

1.3 跨境电商支付与结算的业务模式 12
    1.3.1 出口收结汇模式 14
    1.3.2 进口购付汇模式 16

本章小结 18
课后习题 18

第2章 线下支付与结算方式 20

2.1 汇付支付 21
    2.1.1 汇付的定义 21
    2.1.2 汇付的分类 21
    2.1.3 汇付支付的流程 22

2.2 托收支付 23
    2.2.1 托收的定义 23
    2.2.2 托收的分类 24
    2.2.3 托收支付的流程 26

2.3 信用证支付 28
    2.3.1 信用证的定义 28
    2.3.2 信用证的分类 28
    2.3.3 信用证支付的流程 31

2.4 线下支付方式的风险及防范措施 ... 31
2.4.1 欺诈风险及防范措施 ... 32
2.4.2 交易风险及防范措施 ... 33
2.4.3 资金风险及防范措施 ... 36
本章小结 ... 38
课后习题 ... 39

第3章 线上支付与结算方式 ... 41
3.1 网上银行支付 ... 42
3.1.1 网上银行简述 ... 42
3.1.2 网上银行的分类 ... 43
3.1.3 网上银行支付与结算的流程 ... 44
3.2 国际信用卡支付 ... 54
3.2.1 国际信用卡简述 ... 54
3.2.2 国际信用卡的分类 ... 58
3.2.3 国际信用卡支付与结算的流程 ... 62
3.3 第三方支付 ... 65
3.3.1 第三方支付简述 ... 65
3.3.2 第三方支付的交易流程 ... 69
3.4 线上支付方式的风险及防范措施 ... 71
3.4.1 欺诈风险 ... 71
3.4.2 交易风险 ... 72
3.4.3 资金风险 ... 73
3.4.4 线上支付风险的防范 ... 73
本章小结 ... 75
课后习题 ... 76

第4章 国内跨境电商支付与结算平台 ... 78
4.1 国内跨境电商支付与结算平台概述 ... 79
4.1.1 国内跨境电商的主要支付与结算方式 ... 79
4.1.2 国内跨境电商的主流支付与结算平台 ... 79
4.1.3 跨境电商支付与结算的流程 ... 80

4.1.4 国内跨境电商支付与结算的发展前景 82
4.2 国内跨境电商支付与结算平台之支付宝 84
　　4.2.1 支付宝平台的概况 84
　　4.2.2 支付宝平台跨境电商支付与结算业务 85
4.3 国内跨境电商支付与结算平台之微信支付 90
　　4.3.1 微信支付平台的概况 90
　　4.3.2 微信支付平台跨境电商支付与结算业务 91
4.4 其他国内跨境电商支付与结算平台 92
　　4.4.1 连连支付 92
　　4.4.2 宝付支付 94
　　4.4.3 联动优势 94
本章小结 95
课后习题 95

第5章 国外跨境电商支付与结算平台

5.1 国外跨境电商支付与结算平台概述 98
　　5.1.1 国外跨境电商支付与结算平台的发展现状 98
　　5.1.2 国外跨境电商支付与结算平台的发展带给我们的启示 100
5.2 国外跨境电商支付与结算平台之 PayPal 101
　　5.2.1 PayPal 平台的概况 102
　　5.2.2 PayPal 平台跨境电商支付与结算业务的分类 110
　　5.2.3 PayPal 平台跨境电商支付与结算业务的流程 111
5.3 国外跨境电商支付与结算平台之 Payoneer 112
　　5.3.1 Payoneer 平台的概况 112
　　5.3.2 Payoneer 平台跨境电商支付与结算业务的分类 121
　　5.3.3 Payoneer 平台跨境电商支付与结算业务的流程 122
5.4 其他国外跨境电商支付与结算平台 123
　　5.4.1 Western Union 124
　　5.4.2 WorldFirst 125
　　5.4.3 MoneyGram 131
本章小结 132
课后习题 132

第 6 章 跨境电商支付与结算的金融分析 135

6.1 跨境电商支付与结算金融概述 136
- 6.1.1 跨境电商支付与结算金融的认知 136
- 6.1.2 我国跨境电商支付与结算金融的现状及发展前景 137

6.2 跨境电商支付与结算的模式及金融因素 139
- 6.2.1 我国跨境电商支付与结算的模式 139
- 6.2.2 我国跨境电商支付与结算的金融因素 142

6.3 跨境电商支付与结算的金融风险及防控 147
- 6.3.1 我国跨境电商支付与结算的金融风险 147
- 6.3.2 我国跨境电商支付与结算的金融风险防控 150

本章小结 151
课后习题 151

第 7 章 跨境电商支付与结算的税务分析 154

7.1 跨境电商支付与结算税务概述 155
- 7.1.1 跨境税务的概念界定 155
- 7.1.2 我国跨境税收政策的发展历程及其影响 156

7.2 我国跨境税务模式与税务处理 160
- 7.2.1 我国跨境进口税务模式与税务处理 160
- 7.2.2 我国跨境出口税务模式与税务处理 163

7.3 跨境电商支付与结算的税务风险及防控 165
- 7.3.1 跨境电商支付与结算的税务风险 166
- 7.3.2 跨境电商支付与结算的税务风险防控 168

本章小结 170
课后习题 170

第 8 章 跨境电商支付与结算的技术分析 172

8.1 跨境电商支付与结算技术概述 173
- 8.1.1 跨境电商支付与结算系统的技术架构 173
- 8.1.2 跨境电商支付与结算系统的业务架构 176

8.2 区块链技术 177
- 8.2.1 区块链技术简介 177

8.2.2 区块链技术和跨境电商支付与结算的关系..178
　8.3 移动支付技术..180
　　　8.3.1 移动支付技术简介..180
　　　8.3.2 移动支付技术和跨境电商支付与结算的关系..183
　8.4 跨境电商支付与结算的技术风险及防控..185
　　　8.4.1 跨境电商支付与结算的技术风险的定义..185
　　　8.4.2 跨境电商支付与结算的技术风险的类型..185
　　　8.4.3 跨境电商支付与结算的技术风险防控..187
　本章小结..188
　课后习题..188

参考文献..190

第1章 跨境电商支付与结算综述

学习目标

- 了解跨境电商支付与结算的基本定义；
- 掌握传统支付方式与电子支付方式的区别；
- 熟悉跨境电商支付与结算的主流业务模式。

学习重难点

- 重点：跨境电商支付与结算的基本定义；
- 难点：跨境电商支付与结算的主流业务模式。

本章思维导图

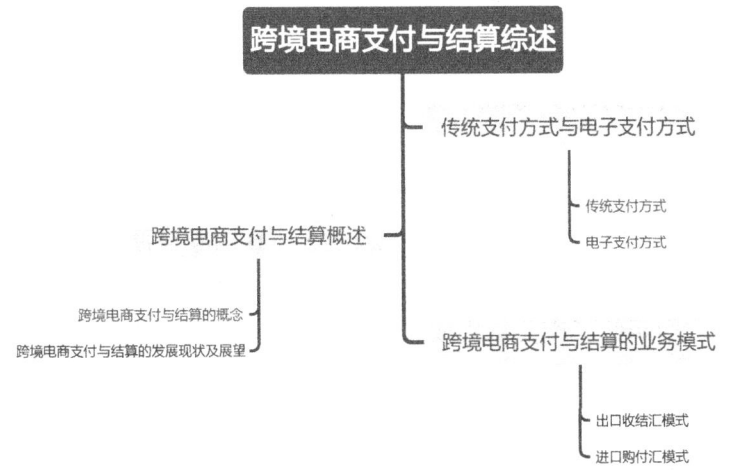

1.1 传统支付方式与电子支付方式

目前，全球跨境电商支付市场的主要参与者有四种。首先是银行。银行电汇普遍采用 SWIFT（环球同业银行金融电讯协会）通道实现跨境汇款，费用高昂且交易进度较慢，3~5 天才能汇款到账，适用于大额汇款与支付。其次是汇款公司。汇款公司通常与银行、邮局等机构有较深入的合作，代理网点众多，汇款方便。再次是国际信用卡组织。国际信用卡是由国际信用卡组织发行的卡，可以透支消费（先消费后还款）。最后是第三方支付机构，随着跨境贸易的发展，特别是跨境电商平台的兴起，简单易用、结算速度快、使用成本更低的第三方支付顺势兴起，加上政策的鼓励因素，目前第三方支付机构已成为跨境支付市场上的重要参与者。按照跨境电商支付与结算发生的渠道，我们将跨境电商支付与结算分为线下支付与结算和线上支付与结算。传统支付方式主要为线下支付，现代跨境电商支付方式主要为电子支付方式。因此，本节具体介绍传统支付方式与电子支付方式。

1.1.1 传统跨境贸易与跨境电商的区别

在了解传统支付方式之前，我们首先要了解传统跨境贸易和跨境电商的区别。传统跨境贸易一般指对外贸易，是指一个国家（地区）与另一个国家（地区）之间的商品、劳务和技术的交换活动。跨境电商是指不同国家（地区）的交易主体之间，以电子商务的方式达成交易，在线订购、支付结算，并通过跨境物流递送商品、清关、最终送达，从而完成交易的一种国际商业活动。跨境电商是传统跨境贸易的升级，它是传统跨境贸易与电商平台的合体。因为传统跨境贸易和跨境电商在运营发展上有着一定的相似之处，所以很多人容易将传统跨境贸易和跨境电商混为一谈。其实，传统跨境贸易和跨境电商有着很大的区别。

从流通渠道上看，传统跨境贸易的商品流通环节较长：A 国厂商——A 国出口商，通过线下磋商，到达 B 国进口商——B 国批发商——B 国零售商，最后到达 B 国消费者；而跨境电商大大减少了商品流通环节，通过当地的电商平台直接触达消费者，使贸易流程大大简化，一方面降低了产品销售成本，另一方面扩大了辐射市场，让货品有更多接触消费者的机会。从发货时间上看，传统跨境贸易的发货时间长，跨境电商的发货时间短。从发货规模和发货频率上看，传统跨境贸易的发货规模大，采用集装箱方式，发货频率低；跨境电商的发货规模小，采用包裹方式，发货频率高。从通关分工上看，传统跨境贸易采用货物方式通关；跨境电商则以邮件、快件的方式通关，非常灵活。从结算方式上看，两者也不一样，传统跨境贸易主要通过现汇交易进行收款结算，跨境电商则主要通过跨境电商平台支持的方式进行收款结算。

除此之外，传统跨境贸易与跨境电商在主体运营方向、优化主体、交易方式、税收待遇、商业模式等方面也有着很大的不同。

1）主体运营方向不同

传统跨境贸易和跨境电商在主体运营方向上的不同主要体现在业务引流的操作上。其中，传统跨境贸易为了能够获得稳定的客户资源，在运营发展过程中，主要通过外贸开发信或其他社交平台进行新老客户的开发和维护，从而增加客户资源；在对客户进行争取和维护的过程中，重点是靠各种积极的"干货"信息来吸引客户的加盟。而跨境电商更加侧重于商品销售，所以其在运营发展过程中虽然也会采取各种推广营销方式，但是其最主要的目的是销售商品。

2）优化主体不同

传统跨境贸易涉及的业务内容规模较大，交易的一般都是大宗的货物，所以总体利润值较大，在客户收到货物之前，运输时间及目的港口等问题并不是卖家关注的主体内容，他们更加关注的是交货日期、贸易合同要求及货物运输安全性，因此在实践工作中，传统跨境贸易侧重于优化货物运输安全性等问题。而跨境电商多为直接交易，总体利润水平取决于销量及成本控制，而运输时间及运输工具的选择等因素都是影响成本投入水平的重要因素，因此跨境电商为了提升总体利润水平，会采取积极措施优化运输时间，尽可能地选择性价比高的货物运输方式。

3）交易方式不同

传统跨境贸易的交易方式主要为线下交易，更加侧重于与客户的接触与商谈，确定贸易订单后，将重点事项通过线下接触谈妥，至于合作中的一些临时问题则基本上是通过邮件或电话联系的方式进行处理的。而跨境电商的交易方式主要是线上交易，从商品重要信息的咨询到整个贸易订单的顺利达成，这些过程主要发生在线上。当然，也有少数外贸客户因订货量较大提出参观商品生产工厂的要求，不过在跨境电商交易中，这种类型的客户较少。

4）税收待遇不同

在税收待遇上，传统跨境贸易的税收操作要比跨境电商的税收操作麻烦一些。因为传统跨境贸易涉及的贸易订单合作规模较大，所以在海关处申报及税收的处理上要按照规定执行，有时候可能要缴纳多项税。而跨境电商交易活动主要发生在商家与个体之间，交易方式类似于现在的网上购物，因此在税收的操作上较为简单，一般缴纳行邮税即可。

5）商业模式不同

传统跨境贸易的商业模式主要是企业对企业，即常规意义上的B2B模式，在运营上需要企业内部多个组织的协调运转，从而努力推动商业贸易合作的达成。而跨境电商的商业模式主要是企业对消费者，即B2C模式，企业更加注重业绩与总体利润水平的提升。

1.1.2 传统跨境贸易和跨境电商的发展现状

在全球经济贸易整体放缓的背景下，中国对外贸易逆势增长，规模创历史新高，实现稳中提质，高质量发展取得新成效，对国民经济社会发展做出积极贡献，为全球经济贸易复苏增长注入动力。2015—2020年我国货物贸易进出口总额整体增长，2019年我国货物贸易进出口总额为31.55万亿元（见图1-1），比2018年增长3.4%。其中，进口额达14.32万亿元，出口额达17.23万亿元。

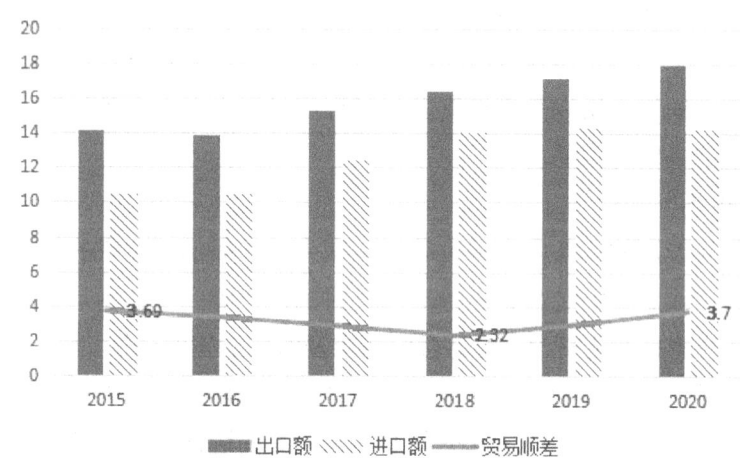

图1-1 2015—2020年我国货物贸易进出口总额变化情况（单位：万亿元）

（数据来源：海关总署）

目前，我国货物对外贸易以出口为主、服务对外贸易以进口为主。2020年，我国服务贸易进出口总额达32.14万亿元，贸易顺差扩大至3.7万亿元（见图1-2）；2020年1—11月，我国服务贸易进出口总额有所下降，主要受疫情等因素的影响，但出口贸易表现明显好于进口贸易，贸易逆差进一步缩小，为0.68万亿元。

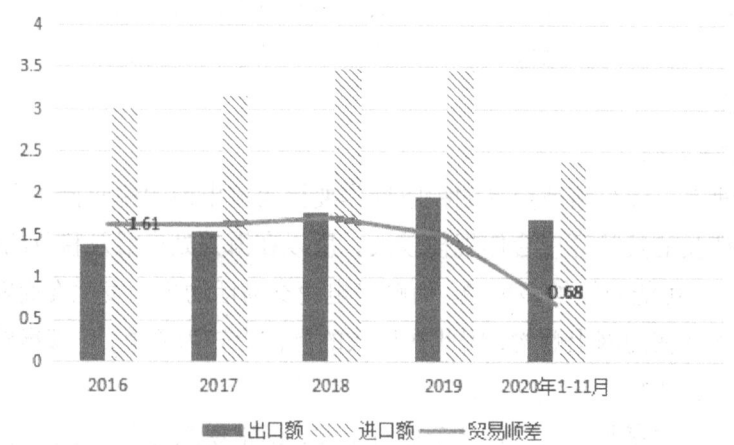

图1-2 2016—2020年我国服务贸易进出口总额变化情况（单位：万亿元）

（数据来源：海关总署）

在传统跨境贸易发展疲软的形势下,跨境电商对我国跨境贸易最近几年的增长的贡献较大。海关数据显示(见图1-3),2020年我国跨境电商进出口总额为1.69万亿元,同比增长31.1%。其中,出口额为1.12万亿元,同比增长40%;进口额为0.57万亿元,同比增长16.3%。通过海关跨境电子商务管理平台验放进出口清单达24.5亿票,同比增长63.3%。整体来看,2020年我国跨境电商行业市场火热,其中出口市场实现加速发展,增速超过40%。

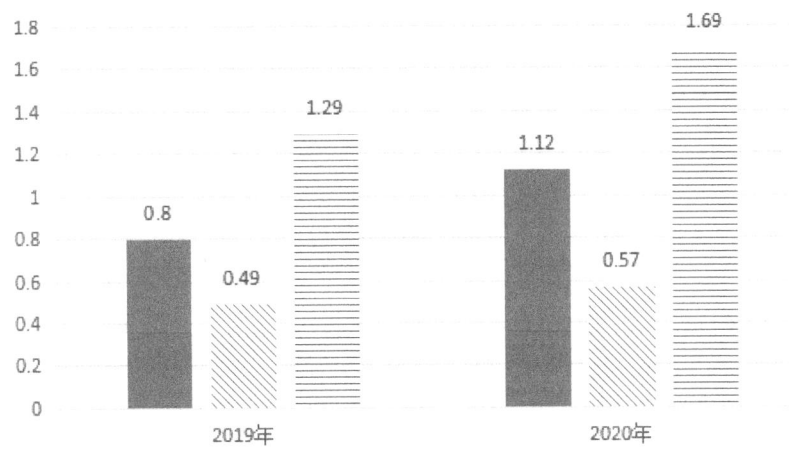

图1-3　2019—2020年我国跨境电商进出口规模情况(单位:万亿元)

(数据来源:海关总署)

1.1.3　传统支付方式

目前,在跨境贸易中,传统支付方式依然与电子支付方式并存。传统支付使用现金或银行存款结算,通常在银行柜台办理,属于银行柜台支付。传统支付方式主要包括现金支付、票据支付、汇兑、委托收款、托收承付。票据支付工具主要包括汇票、支票、本票。

1)汇票

汇票是出票人签发的,委托付款人在见票时,或者在指定日期无条件支付确定金额的款项给收款人或持票人的票据。按出票人的不同,汇票分为银行汇票、商业汇票。银行汇票是出票人和付款人均为银行的汇票。商业汇票是出票人为企业或个人,付款人为其他企业、个人或银行的汇票。

按付款时间的不同,汇票分为即期汇票和远期汇票。即期汇票又称见票即付汇票,即持票人向付款人提示后对方立即付款。远期汇票是在一定期限或特定日期付款的汇票。

按承兑人的不同，汇票分为商业承兑汇票和银行承兑汇票。商业承兑汇票是以银行以外的任何企业或个人为承兑人的远期汇票。银行承兑汇票是以银行为承兑人的远期汇票（见图1-4）。

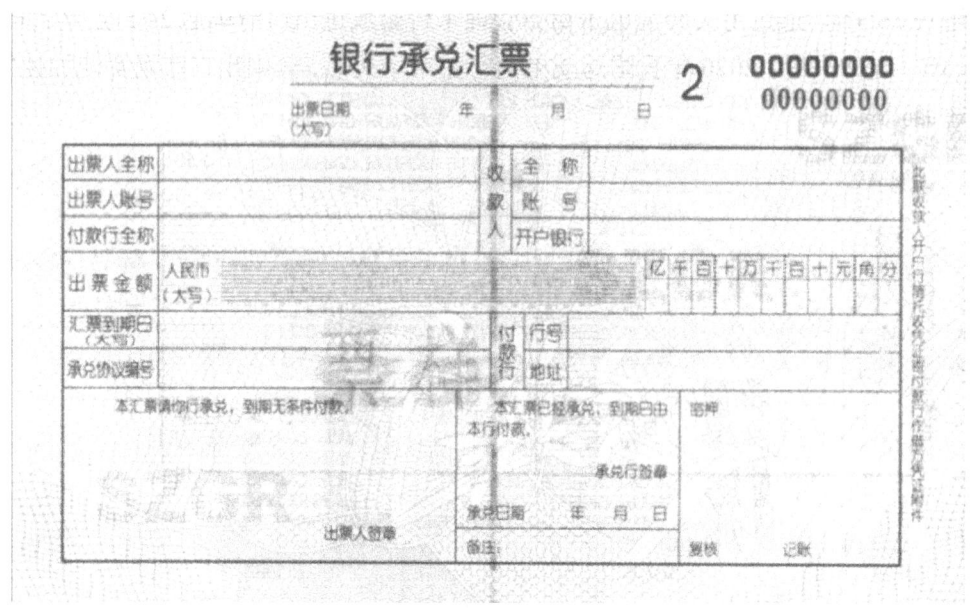

图1-4　银行承兑汇票图例

2）支票

支票是由出票人签发的，委托办理支票存款业务的银行在见票时无条件支付确定金额的款项给收款人或持票人的票据。其本质上是一种以银行为付款人的即期汇票。

按支付形式的不同，支票分为现金支票、转账支票、普通支票。现金支票是银行在见票时无条件支付确定金额的现金给收款人的支票。转账支票是银行在见票时无条件向收款人的账户划入确定金额的款项的支票。普通支票既可以用于支取现金，也可以用于转账。

3）本票

本票是由出票人签发的，承诺自己在见票时无条件支付确定金额的款项给收款人或持票人的票据。按出票人的不同，本票分为银行本票和商业本票。银行本票是申请人将款项交存银行，由银行签发给其凭以支取现金或办理转账结算的本票。商业本票多为企业签发，是指企业为筹措短期资金，由企业署名担保发行的本票。《中华人民共和国票据法》（简称《票据法》）所指的本票是银行本票，不包括商业本票。

1.1.4　电子支付方式

跨境电商支付主要采用的是电子支付方式，如银行电汇、汇款公司和第三方支付等。随着跨境电商的蓬勃发展，电子支付因其卓越的便捷性，成为跨境电商的首选支付方式。

1. 银行电汇

银行电汇是指银行以电报（Cable）、电传（Telex）或SWIFT方式指示代理行将款项支付给指定收款人的汇款方式。银行电汇的支付特点是安全性高，但时效性低，并且费用高昂，有多项费用，包括电讯费、手续费、中转费，合计约占汇款金额的3%，多用于传统B端大额跨境贸易。

1）银行电汇的流程

（1）汇款人到银行的会计业务柜台办理电汇业务。

（2）汇款人在电汇凭单上填写对方的收款账号、户名、开户行行名。

（3）电汇手续费为汇款金额的1%，最低1元，最高50元，最快当日到账，慢则次日到账。

2）银行电汇与银行转账的区别

（1）款项流转方式不同。银行电汇是付款人将一定款项交存汇款银行，汇款银行指示汇入行向收款人进行支付。银行转账是单位或个人直接将款项划转到收款人账户。

（2）办理手续不同。银行电汇办理手续需要到银行的柜台办理，而银行转账办理手续可以通过网银、自动取款机（ATM）或柜台办理。

（3）办理费用不同。银行电汇除了收取汇款手续费，还需要收取相应的电讯费。银行转账无电讯费。

2. 汇款公司

汇款公司的特点是线下网点多、办理方便、到账快，10～15分钟即可完成汇款，但是手续费较高，比较合适10 000美元以下的小额支付。随着跨境电商的兴起，第三方支付也逐渐发展起来，它能有效满足小额、高频的跨境电商支付需求。目前，进入我国汇款市场的国际汇款公司主要有西联汇款、速汇金、通济隆公司和一些形形色色的、规模不等的汇款公司。国际汇款公司不是以汇款公司的身份直接提供汇款服务的，而是通过国内具备汇款资格的金融机构代理汇款服务进入我国汇款市场。国际汇款公司资金收付运作模式和特点如下。

（1）国际汇款公司资金收付运作形式灵活、方便、快捷。

国际汇款公司的汇款业务实现了无账户快速汇款，即通过网络传输汇款信息至收款人所在地的代理网点，收款人在收到汇款人的电话通知后，即可到当地代理网点取款。国际汇款公司的汇款业务与一般的银行电汇业务相比具有汇款速度快、解付程序简便、手续费低、业务办理网点灵活等特点。

（2）国际汇款公司资金流和信息流相分离。

国际汇款公司的汇款业务之所以比一般的银行电汇业务更为便捷，其原因归咎于运作模式的差异。不同于银行电汇业务，国际汇款公司的汇款业务的资金流和信息流是相分离的，收款方代理网点收到解付信息即可解付款项，而该笔解付信息没有完全对应的资金流入。

3. 第三方支付

相比银行电汇等传统支付 3~5 天的到账时间和 3% 左右的手续费费率，第三方支付可实现实时到账，手续费费率为 0~1%，可满足跨境电商小额、高频、快速支付的需求，从而迅速抢占跨境电商支付市场。

2015 年，国家外汇管理局发布《国家外汇管理局关于开展支付机构跨境外汇支付业务试点的通知》和《支付机构跨境外汇支付业务试点指导意见》，允许 30 家试点支付机构开展跨境外汇支付业务试点，并为每一家机构划定了一定的业务范围，如货物贸易、旅游服务、机票航空、留学教育等。2019 年 4 月，国家外汇管理局发布《支付机构外汇业务管理办法》，强调跨境支付业务合法资质和持牌经营的重要性，明确要求此前的试点机构进行名录登记。2020 年，约 15 家此前参与跨境外汇支付业务试点的支付机构完成名录登记，拿到了正式的跨境支付业务相关牌照。

一个完整的跨境电商支付流程包含了收单、收款和结售汇。简单来说，就是消费者下单付款后，真正的支付流程才刚刚开始。为保证信息与资金流转的可靠性及安全性，其具体流程如下：消费者下单后，第三方收单机构会将交易信息发往发卡行或国际信用卡组织，待交易信息确认完毕后，发卡行或国际信用卡组织会发出扣款指令并进行资金结算，再将钱打到商家的海外账户；接下来，国内的第三方支付机构便会根据跨境电商的支付数据进行结汇，再将资金分发给商家。关于第三方支付，本书后续章节将会进行详细介绍。

1.2　跨境电商支付与结算概述

如果是国内电商，收款方式不外乎支付宝、财付通等，而且不用担心手续费、安全性、即时性等。但是把国内电商范围扩大至跨境电商，收汇款方式就变得不那么简单了，需要考虑很多问题，不同的收汇款方式的差别很大，它们有各自的优缺点和适用范围。

1.2.1 跨境电商支付与结算的概念

在互联网时代，一国的消费者在网上购买国外商家的产品或国外的消费者购买此国商家的商品时，由于币种不同，需要通过一定的结算工具和支付系统实现两个国家或地区之间的资金转换，最终完成交易。跨境电商支付与结算是指在国际经济活动中的当事人通过一定的支付工具和方式，清偿因各种经济活动而产生的国际间的债权债务，并产生资金转移、外币兑换的行为，如在国际贸易中所发生的、由履行金钱给付义务的当事人履行义务的行为。

跨境电商支付与结算伴随着商品进出口而发生，具有以下特点。

1. 产生的原因是跨境电商活动引起的债权债务关系

进行跨境电商支付与结算需要处理跨境电商活动中的资金，由交易引起的债权债务关系正是跨境电商支付与结算产生的原因。

2. 主体是跨境电商活动中的当事人

跨境电商活动中的当事人的含义依据不同的活动而定。

3. 需要借助一定的工具进行支付

跨境电商支付与结算的工具一般为货币及票据。一方面，由于国际支付当事人一般是跨国（或地区）的自然人、法人，而各国（或地区）所使用的货币不同，这就涉及货币的选择、外汇的使用，以及与此有关的外汇汇率变动带来的风险问题；另一方面，为了避免直接运送大量货币所引起的各种风险和不便，就会涉及票据或凭证的使用问题，与此相关的是各国（或地区）有关票据或凭证流转的一系列复杂的法律问题。

4. 需要以一定的支付方式来保障交易的安全

在跨境贸易中，买卖双方通常从自身利益出发，力求在货款收付方面得到较大的安全保障，尽量避免遭受钱货两空的损失，并想在资金周转方面得到某种融通。这就涉及如何根据不同的情况，采用国际上长期形成的汇付、托收、信用证等不同的支付方式，以处理好货款收付方面的安全保障和资金融通问题。

5. 收付双方处在不同的货币圈

跨境电商支付与结算的收付双方通常处在不同的货币圈，这属于异地结算中的特殊情况。

6. 收付双方的法律约束受限

由于收付双方处在不同的法律制度下，受到相关法律的限制，不能把一方的通行情况施加于对方，而只能以国际结算的统一惯例为准则，协调双方之间的关系，并相互约束。

7. 需要采用国际通行的支付结算货币

跨境电商支付与结算必须选择收付双方都能接受的货币作为支付结算货币。为了支付的方便和安全，跨境电商支付与结算一般采用国际通行的支付结算货币，如美元、欧元、英镑等，特殊情况除外。

8. 需要银行作为中间人

跨境电商支付与结算需要银行作为中间人，以确保支付的安全、快捷、准确、保险及便利。

9. 具有一定的汇兑风险

由于跨境电商支付与结算一般选择不同于支付双方本国（或本地区）货币的货币作为支付结算货币，所以在结算过程中有一定的汇兑风险。

1.2.2 跨境电商支付与结算的发展现状及展望

在前文中我们了解了传统跨境贸易与跨境电商的异同，学习了跨境电商的基本概念、传统支付方式与电子支付方式。基于此，本节我们来了解跨境电商支付与结算的发展现状及展望。

1. 跨境电商支付与结算的发展现状

（1）传统跨境贸易更多选用直接支付方式。

传统跨境贸易更多选用直接支付方式，如汇付、托收、信用证、国际保理等。汇付一般用于金额较小的支付场景，而信用证方式对于买卖双方都有可靠保证，所以在大额支付场景中使用较多。

直接支付方式之一的汇款主要由银行完成。银行收到汇款人申请后，通过 SWIFT 通道等将钱由国外汇入行解付给收款人。

在国际贸易活动中，买卖双方可能互不信任：买方担心预付款后，卖方不按合同要求发货；卖方担心发货或提交装运单据后，买方不付款。因此，需要两家银行作为买卖双方的保证人。由于信用证模式对买卖双方都有保护，因此信用证成为传统跨境贸易中十分重要、常用的支付方式之一。

（2）第三方支付机构众多。

在综合型 B2C 跨境贸易中，由于参与者众多、单价较低且交易频率高，传统支付方式已经不适用于此种跨境贸易模式。目前，国内持有跨境外汇支付牌照（简称持牌）的第三方支付机构和跨境收款企业及国外持牌支付机构，已经建立了稳定且有效的渠道并形成了稳定的模式。在关键的换汇环节，国内持牌的第三方支付机构可根据跨境电商平台的数据对单换汇。

（3）自营 B2C 跨境电商平台的支付方式主要为通过国内持牌的第三方支付机构为平台换汇。

自营 B2C 跨境电商平台一般拥有境外账户，方便国外第三方支付机构等金融机构为其办理收单业务。国内持牌的第三方支付机构主要为此类平台办理换汇、转账等业务，将该平台的资金从境外账户转入该平台境内银行账户。跨境收款企业也可以通过连接各方通道完成此过程。最后自营 B2C 跨境电商平台再通过国内持牌的第三方支付机构将账款分发给制造企业。

（4）小额 B2B 跨境贸易直面众多海外小商家，大大节约了跨境电商支付与结算的成本。

近年来，小额 B2B 跨境贸易发展迅速，海外小商家众多。相比传统大商家，小商家的客单价较低，多直接通过分销商采购物品。在此种模式下，人力成本和贸易成本均可大大降低。

（5）第三方支付机构普遍持有外汇和人民币支付牌照。

国内企业要想开展跨境支付业务，首先其必须是支付机构，并须持有中国人民银行颁发的"支付业务许可证"，其次需要国家外汇管理局准许开展跨境外汇支付业务试点的批复文件。如果不涉及换汇，则支付机构持有各地中国人民银行分支机构颁发的人民币跨境外汇支付牌照即可，人民币跨境外汇支付业务不需要国家外汇管理局的批复。

（6）第三方支付机构更加适应跨境电商小额、高频的需求。

传统跨境贸易的特点是大额、低频，对支付安全性的要求较高，同时也损失了时效性，因此传统 B 端（企业）大额跨境贸易更愿意选择银行汇款和信用证等支付方式。但随着跨境贸易的发展，特别是跨境电商平台的兴起，人们对支付的便捷性和及时性的要求更高，监管部门也逐步放开了对第三方支付机构的准入限制。

（7）通道手续费和 B 端支付解决方案是第三方支付机构的主要收入来源。

通道手续费主要包括按照交易规模流水收费和按照支付笔数收费两种，或者两种兼有。B 端支付解决方案是第三方支付机构针对不同行业、不同需求所提供的一体化产品支持；随着跨境电商支付与结算的发展，B 端支付解决方案进入"蓝海"。另外，还有汇率差等非常规性收入。

2. 跨境电商支付与结算的发展展望

（1）第三方跨境电商支付与结算服务将逐渐摆脱单一通道模式。

第三方支付经过近年来的发展，特别是在国家外汇管理局和中国人民银行发牌以后，逐步打通市场渠道，从单一的基础通道服务，逐渐发展到可以满足跨境贸易平台更多的需求。部分厂家开始和跨境产业链中的服务机构合作，从出口退税到报关的三单合一，再到跨境仓储物流解决方案，争取解决跨境贸易中存在的普遍性难题。

（2）小额 B2B 跨境电商支付与结算或将成为下一个行业"蓝海"。

传统集装箱跨境贸易由于积压资金多、风控压力大，正在被以在线交易为核心且便捷、及时的跨境电商小额批发及零售业务取代。第三方支付基于大数据、云计算，更加适应小额 B2B 跨境贸易小额、便捷、灵活的支付模式和风控需求。

（3）行业规范化加速，第三方跨境电商支付与结算行业发展潜力巨大。

① 平台层：经过多年的发展，跨境电商平台逐渐朝着正规化发展，交易规模不断扩大，在培养稳定的消费群体的同时，平台运营日趋成熟。

② 政策层：监管部门不间断地对跨境贸易进行调研，其中针对最关键的支付和物流的更加细致、合理的支持政策或将在近期密集出台，行业规范化将会继续加速。

③ 消费层：在消费升级的带动下，国内消费者对跨境商品的需求日渐增加，海淘规模、跨境旅游/购物规模、出国留学人数连创新高。

④ 机构层：第三方支付机构经过了前期的市场培育阶段，正在逐渐摆脱仅作为支付通道的行业价格战阶段，各家开始打造专属的行业解决方案，在逐渐掌握更多客户资源的基础上进行差异化运营。

（4）传统跨境支付与结算方式和跨境电商支付与结算方式将互补共存。

传统 B2B 跨境贸易的市场主导地位暂时不会改变，同样，传统跨境支付与结算方式仍会在市场中占据重要地位。跨境电商模式及平台的出现，会促使传统跨境支付与结算方式进行改革。在市场中，传统跨境支付与结算方式和跨境电商支付与结算方式将互补共存。

1.3　跨境电商支付与结算的业务模式

跨境电商支付与结算的业务模式主要有出口收结汇模式和进口购付汇模式。

从跨境贸易的整体来看，目前我国的跨境贸易包括四种主流模式：传统大额 B2B 跨境贸易、小额 B2B 跨境贸易，以及平台型 B2C 跨境贸易、自营 B2C 跨境贸易，后两者属于跨境电商模式。第三方跨境支付与结算正在服务于除传统大额 B2B 贸易模式外的三种模式。传统 B2B 跨境贸易是跨境贸易的传统模式,多数为一对一大额交易;小额 B2B 跨境贸易是近些年发展迅速的跨境贸易模式,有众多海外小商家,贸易成本大大降低。平台型 B2C 跨境贸易、自营 B2C 跨境贸易都属于跨境电商模式,平台 B2C 跨境贸易发展得比较早,如美国的亚马逊(Amazon)、中国的全球速卖通(AliExpress)。自营 B2C 跨境贸易是近些年火起来的跨境电商独立站模式,卖家通过建立自己的网站,而不是通过亚马逊这样的平台去运营。

一个完整的跨境支付与结算流程,实际上包含了三大环节:收单、收款、结售汇。以第三方跨境支付与结算在跨境电商 B2C 出口贸易中的流程为例:收单机构通过发卡行、国际信用卡组织的清结算,将钱打到商家的海外账户,随后收款公司进行相关的账户服务和转账,最后通过银行或国内持牌机构进行结售汇。

跨境电商的业务流程涉及三流——资金流、信息流、物流。其中,资金流反映了支付流程。本节主要探讨在跨境电商的不同模式下,跨境电商支付与结算的业务模式。

一个完整的跨境电商支付与结算流程应该包括支付(买家)+结算(卖家)两步。所以按照这个思路,根据地域(境内、境外)和货币种类两个维度把电商分为四类,如图 1-5 所示。

类型	买家所属地	支付币种	卖家所属地	结算币种	举例
国内电商	境内	人民币	境内	人民币	淘宝、京东
跨境电商海淘(赚外汇)	境外	外币	境内	人民币	Shopee、Lazada
跨境电商(买买买)	境内	人民币	境外	外币	天猫海外、网易考拉
国外电商	境外	外币	境外	外币	eBay、Amazon

图 1-5 电商分类

不同模式下的跨境电商,对资金处理的需求也不同,如图 1-6 所示。

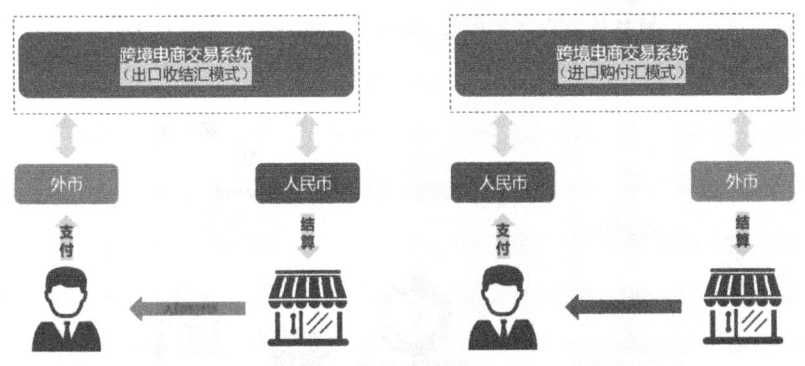

图 1-6 跨境电商支付与结算的资金流对比

根据上图的资金流对比，跨境电商支付与结算可分为出口收结汇模式和进口购付汇模式。出口收结汇模式为产品人民币计价、人民币结算、境外消费者支付外币；进口购付汇模式为产品外币计价、外币结算、境内消费者支付人民币。

1.3.1 出口收结汇模式

目前，我国已经建立了人民币跨境支付系统（Cross-border Interbank Payment System，CIPS），专门用来处理人民币跨境支付与结算。但在此之前，整个市场上有三种实现人民币跨境支付与结算的方式，如图1-7所示。

图1-7　人民币跨境支付与结算的方式

1. 代理行模式

此种模式需要境内具备国际结算业务能力的银行与境外银行签订人民币代理结算协议，为其开立人民币同业往来账户，然后代理境外银行提供跨境人民币收、付、结算等服务。

例如，业务场景是境外企业A和境内企业B进行交易，A需要支付一笔款项给B，而且双方约定，此次交易用人民币进行结算（见图1-8）。

前置工作有A在境外花旗银行开设结算账户，B在境内农业银行开设结算账户；花旗银行与中国银行签署人民币代理结算协议，中国银行为花旗银行开设人民币同业往来账户；花旗银行和中国银行通过SWFIT连接。中国银行和农业银行通过中国现代化支付系统（China National Advanced Payment System，CNAPS）连接。

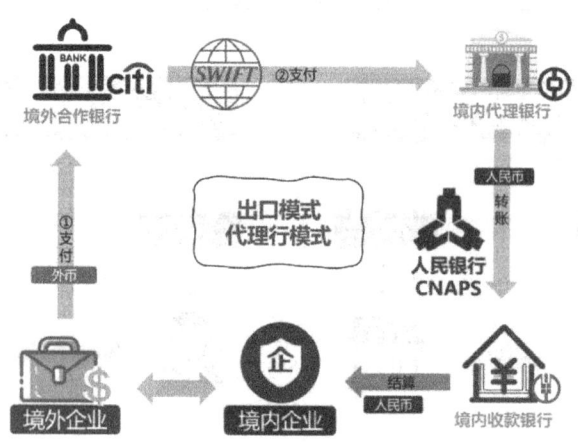

图1-8　代理行模式的业务步骤

业务步骤是 A 发送支付指令给花旗银行，花旗银行判断其余额后扣款；花旗银行通过 SWFIT 通道发送指令给中国银行，中国银行判断其人民币同业往来账户余额后扣款；中国银行通过 CNAPS 转账给农业银行；农业银行结算给 B。

在整个流程中，SWFIT 与 CNAPS 的主要作用就是实现跨行支付与结算。其中，SWIFT 是国际银行同业间的国际合作组织，成立于 1973 年；CNAPS 是为商业银行之间及商业银行与中国人民银行之间的支付业务提供最终资金清算的系统。

2. 清算行模式

此种模式需要中国人民银行指定境外某银行（一般为境外分行）为人民币境外清算行，由境外清算行与境外商业银行签订人民币代理结算协议，并为其开立人民币同业往来账户，代理境外银行进行人民币跨境收付等服务（见图 1-9）。

例如，业务场景是境外企业 A 需要支付资金给境内企业 B。

前置工作有 A 在境外花旗银行开设结算账户，B 在境内农业银行开设结算账户；中国人民银行指定中国银行某境外分行（商业银行）为该地区的人民币清算行；花旗银行在中国银行境外分行开设人民币同业往来账户，存入资金；花旗银行和中国银行境外分行通过 SWIFT 或当地的结算系统连接；中国银行境外分行与中国银行境内总行之间通过行内连接系统连接，中国银行境内总行与境内农业银行通过 CNAPS 连接。

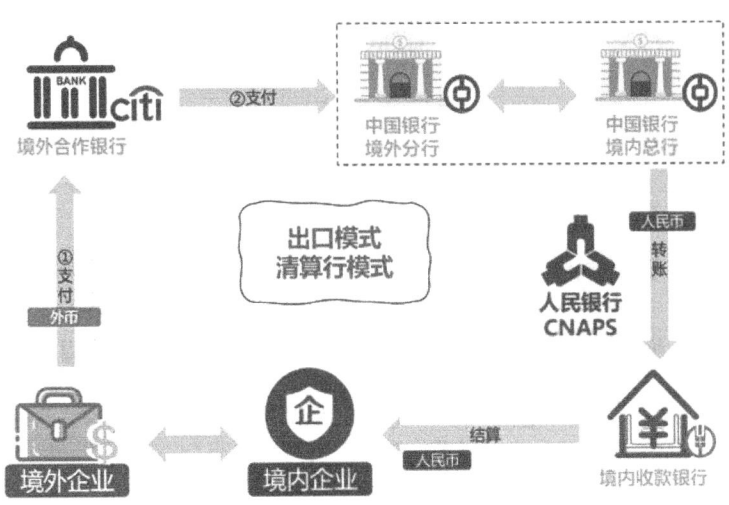

图 1-9 清算行模式的业务步骤

清算行模式和第一种代理行模式在收付款两方体验上的区别不大，核心在于资金的结算地不同。采用代理行模式的前提是，境内的银行具备国际结算业务能力。其主要通过 SWIFT 与境外银行连接，当境外银行和境内代理银行进行结算时，此笔资金为国际结算（境外结算）。而采用清算行模式的前提是，境内银行在境外的分行被中国人民银行指定为境外人民币清算银行。这样其与境外银行可以"能力共享",资金的结算在清算行的内部系统中进行。如上述例子,资金是在中国银行行内完成结算的(境外分行和境内总行之间)。

3. NRA 模式

NRA(Non-Resident Account),即境外机构境内外汇账户。NRA 模式就是境外企业直接在境内银行开设结算账户进行支付的模式。

使用此种模式的付款流程和境内企业 B2B 收付款的流程几乎一模一样(见图 1-10)。只是境外机构在境内银行开设 NRA 的流程和手续比较复杂。

人民币 NRA 账户和离岸账户(Offshore Account,OSA)的性质不同。NRA 属于境内账户,OSA 属于境外账户;NRA 需要缴纳利息税,OSA 无利息税;NRA 有外汇管制,由国家外汇管理局监管,OSA 无外汇管制,由中国银行业监督管理委员会(简称中国银监会)监管。

NRA 的监管较为严格,有外汇管制,用途也比较单一,所以使用该模式进行跨境电商支付与结算的不多。

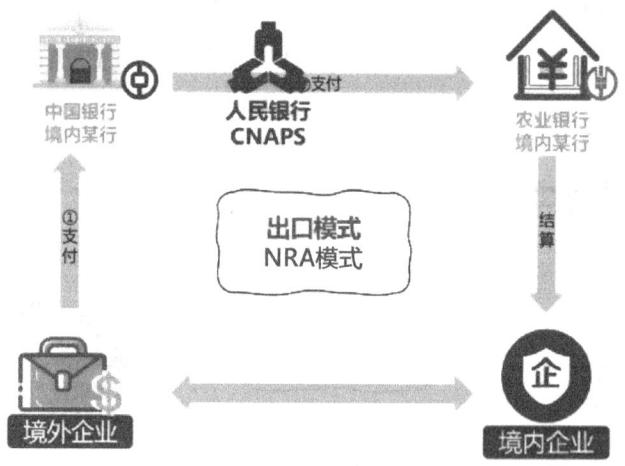

图 1-10 NRA 模式的业务步骤

1.3.2 进口购付汇模式

通过前文,我们已经学习了跨境电商支付与结算的出口收结汇模式及其资金流的对比,接下来我们来学习跨境电商支付与结算的进口购付汇模式。

1. 进口购付汇模式资金转化实现

进口购付汇模式可参见天猫国际、网易考拉等的模式(有些细微区别,有些货物直接放在保税区仓库）。如果我们去境外线下消费，刷卡、刷微信、刷支付宝和此种方式类似，从消费者侧扣款均为本币。

境内买家支付后，怎么给商家结算外币呢？这就需要收单机构和商家所在地的银行合作，通过购汇、付汇的方式来实现本币消费、外币结算。以微信支付为例，如图 1-11 所示。

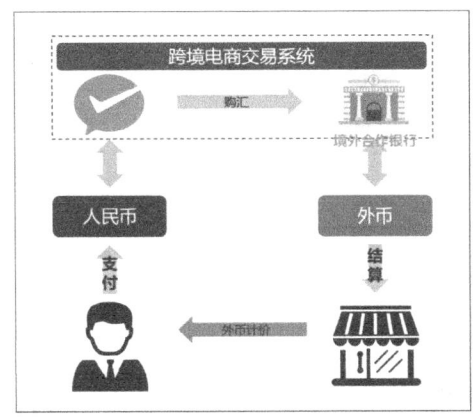

图 1-11　微信支付结算外币的流程

2. 进口购付汇模式——以微信支付为例

在进口购付汇模式下，目前微信支付平台支持九种外币的结算（可以理解微信和九个境外的所属银行合作），在亚洲支持 HKD（港币）、JPY（日元）、KRW（韩元）结算；在欧洲支持 GBP（英镑）、EUR（欧元）结算；在美洲支持 USD（美元）、CAD（加拿大元）结算；在大洋洲支持 AUD（澳大利亚元）、NZD（新西兰元）结算。买家通过微信支付平台用人民币支付，微信支付平台用外币给境外商家结算。

在境外，商家接入微信支付平台时，有三种模式可以选择：直连模式、普通服务商、机构服务商。这三种模式和在国内的三种接入模式非常类似。这三种模式的核心区别就在于信息流和资金流的不同。在资金流的处理上，收单机构（微信支付平台）需要和境外银行合作，其中有一步购汇操作。购汇本身也会涉及复杂的交易流程，此处不进行深入讨论。微信支付在境外使用最多的场景其实是机构服务商模式，该模式和国内微信支付的银行服务商模式很类似。微信境外支付的资金流如图 1-12 所示。

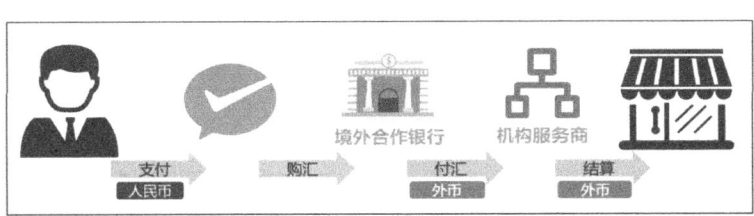

图 1-12　微信境外支付的资金流

一般电商系统都会涉及分账需求，机构服务商模式的一个优点就是可以实现境外分账，这些机构服务商一般都持有境外指定地区的支付牌照和资金分账资质。一个完整的机构服务商模式业务流程如图 1-13 所示。前五步和境内电商一模一样，区别就在于支付成功后的结算操作。

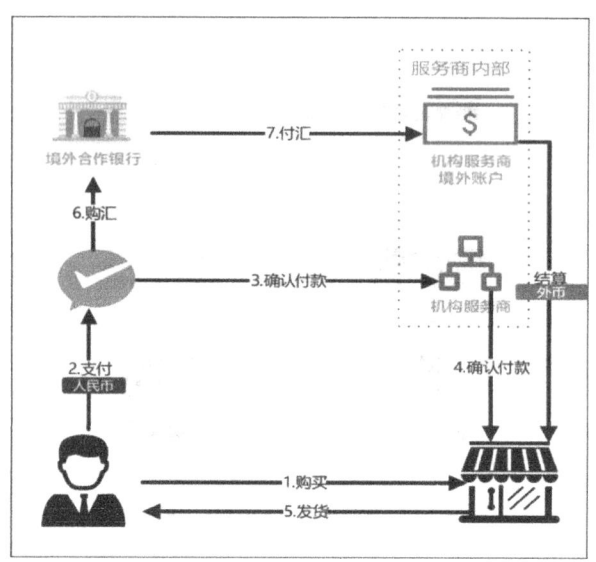

图 1-13　完整的机构服务商模式业务流程

本章小结

本章主要通过案例引入、介绍跨境电商支付与结算的定义，通过分析跨境电商支付与结算的特征，比较传统支付方式与电子支付方式的区别，进而进行归纳学习，介绍跨境电商支付与结算的主流业务模式。本章介绍的两种跨境电商支付与结算模式均为目前消费者直接接触比较多的场景（B2C、C2C），其实在跨境交易中 B2B 仍占很大比例。但是 B2C 目前发展得非常迅猛，不仅国内的人去境外消费的规模的增速很快，境内卖家直接把商品卖到国外的规模的增速也很快。

课后习题

一、不定项选择题

1. 赚外汇模式的支付方式不包括以下哪种模式？（　　　）
　　A．代理行模式　　　　　　　　　　B．买买买模式
　　C．清算行模式　　　　　　　　　　D．NRA 模式

2. 银行电汇普遍采用（　　）实现跨境汇款，费用高昂且交易进度较慢，3～5 天才能汇款到账，适用于大额汇款与支付。

　　A．SWIFT 通道　　　　　　　　　　B．SHIFT 通道

　　C．LIFT 通道　　　　　　　　　　　D．RIFT 通道

3. 就目前传统跨境贸易与跨境电商的形式，描述正确的是（　　）。

　　A．传统跨境贸易的增长停滞，跨境电商却在持续增长

　　B．传统跨境贸易的增长停滞，跨境电商也增长停滞

　　C．传统跨境贸易持续增长，跨境电商也持续增长

　　D．传统跨境贸易持续增长，跨境电商却增长停滞

4. 跨境电商 B2B 的特点是（　　）。

　　A．小批量、多批次、快速发货

　　B．大批量、多批次、快速发货

　　C．小批量、少批次、快速发货

　　D．大批量、少批次、快速发货

5. 常见的电子支付方式有（　　）。

　　A．银行电汇　　　　　　　　　　　　B．专业汇款公司

　　C．第三方支付　　　　　　　　　　　D．现金支付

二、判断题

1. 银行电汇的支付特点是安全性高，时效性高，并且收费低廉。　　　　（　　）
2. 跨境电商支付与结算产生的原因是国际经济活动引起的债权债务关系。（　　）
3. 当跨境支付结算的双方处在不同的法律制度下，应当以收款方所在国家地区的法律制度为准绳。　　　　　　　　　　　　　　　　　　　　　　　　　　（　　）
4. 跨境电商支付与结算必须以美元为支付结算货币。　　　　　　　　　（　　）
5. 尽管跨境电商支付与结算一般以不同于支付双方本国（或本地区）货币的货币为支付结算货币，结算过程是没有风险的。　　　　　　　　　　　　　　　（　　）

三、简答题

1. 有哪些常见的跨境电商支付与结算方式？
2. 传统支付方式与电子支付方式主要有什么区别？
3. 什么是出口收结汇模式和进口购付汇模式？请举例说明。

第 2 章 线下支付与结算方式

学习目标

- 了解线下支付与结算的方式；
- 掌握线下支付与结算的流程；
- 了解线下支付与结算中的风险及防范措施。

学习重难点

- 重点：线下支付与结算的方式；
- 难点：线下支付与结算的流程。

本章思维导图

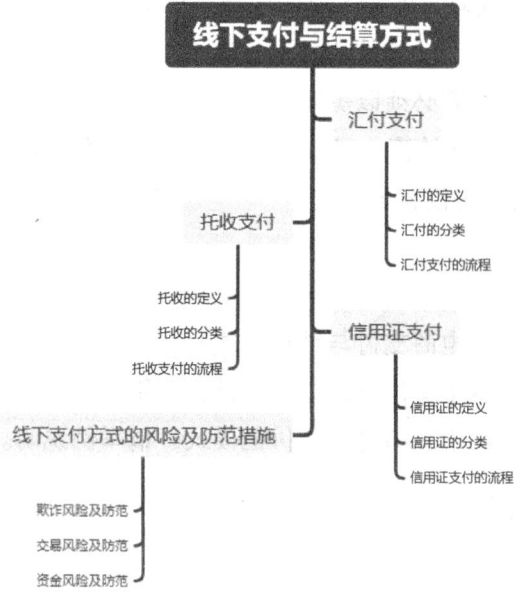

2.1 汇付支付

2.1.1 汇付的定义

汇付（Remittance）是国际支付与结算的方式之一，指付款人主动通过银行或其他途径将款项汇交收款人。跨境贸易的货款如采用汇付，一般是由买方按合同约定的条件（如收到单据或货物）和时间，将货款通过银行汇交卖方。

汇付的当事人有四个，如下。

（1）汇款人（Remitter），即汇出款项的人，在进出口交易中通常是进口人。

（2）收款人（Payee 或 Beneficiary），即收取货款的人，在进出口交易中通常是出口人。

（3）汇出行（Remitting Bank），即受汇款人的委托、汇出款项的银行，在进出口贸易中通常是进口地的银行。

（4）汇入行（Paying Bank），又称解付行，即受汇出行委托解付汇款的银行，在进出口贸易中通常是出口地的银行。

2.1.2 汇付的分类

汇付方式可分为信汇、电汇和票汇三种。

（1）信汇（Mail Transfer，M/T）是汇出行应汇款人的申请，将信汇委托书寄给汇入行，授权解付一定金额的款项给收款人的一种汇款方式。

信汇方式的优点是费用较为低廉，但收款人收到汇款的时间较迟。

（2）电汇（Telegraphic Transfer，T/T）是汇出行应汇款人的申请，拍发加押电报或电传给在另一国家的分行或代理行（即汇入行），指示其解付一定金额的款项给收款人的一种汇款方式。

电汇方式的优点是收款人可迅速收到汇款，但费用较高。

（3）票汇（Remittance by Banker'S Demand Draft，D/D）是汇出行应汇款人的申请，代汇款人开立以其分行或代理行为解付行的即期汇票，支付一定金额的款项给收款人的一种汇款方式。银行汇票填写示范图如图 2-1 所示。

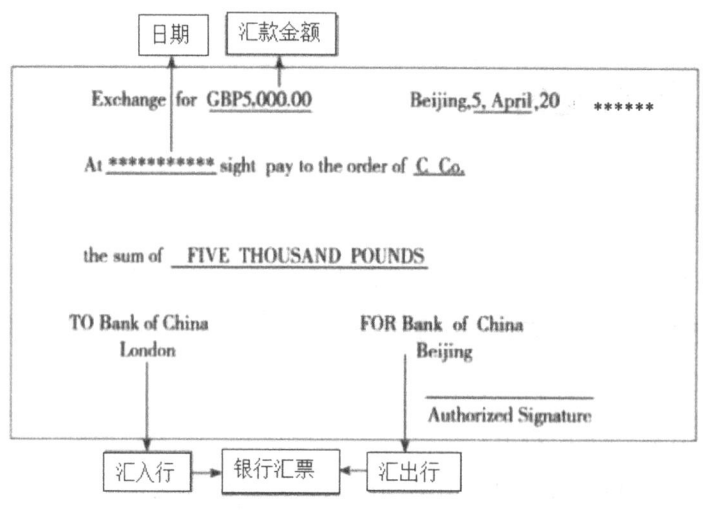

图 2-1　银行汇票填写示范图

2.1.3　汇付支付的流程

1. 信汇支付流程

信汇业务流程包括：汇款人填写信汇申请书、交款；汇出行航邮信汇委托书通知国外代理行；汇入行向收款人发出汇款通知书；收款人凭有效证件前来取款；汇入行向汇出行发出付讫借记通知书；汇出行与汇入行进行头寸清算；等等。

简易信汇支付流程图如图 2-2 所示。

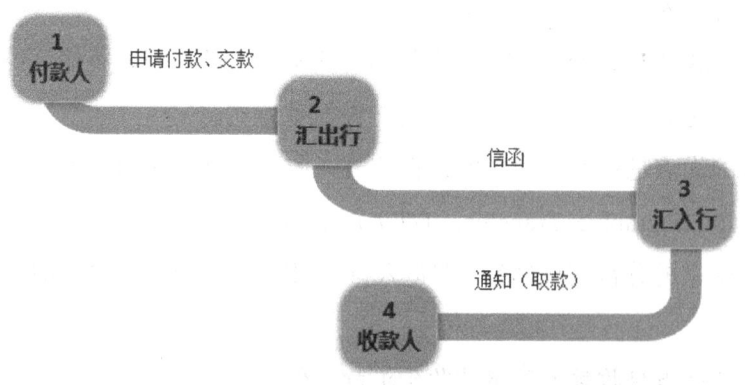

图 2-2　简易信汇支付流程图

2. 电汇支付流程

电汇的业务流程包括：债务人填写电汇申请书并递交汇出行、交款付费；汇出行根据电汇申请人的指示，用电传或 SWIFT 方式向国外代理行发出汇款通知；汇入行缮制电汇通知书，通知收款人取款；汇入行在解付电汇款后将付讫借记通知书邮寄给汇出行；汇出行与汇入行进行头寸清算；等等。

简易电汇支付流程图如图 2-3 所示。

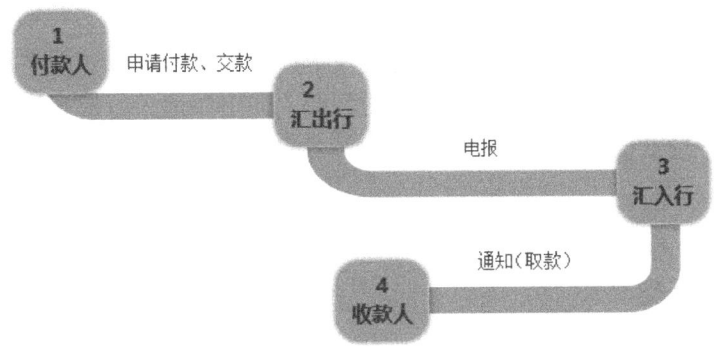

图 2-3　简易电汇支付流程图

3. 票汇支付流程

票汇的业务流程包括：债务人或汇款人填写票汇申请书、交款；汇出行开立即期汇票并交给汇款人；汇款人自行邮寄汇票给收款人；汇出行将汇款通知书（票根）邮寄给国外代理行；收款人持汇票向汇入行取款；汇入行把付讫借记通知书邮寄给汇出行；汇出行与汇入行进行头寸清算；等等。

简易汇票支付流程图如图 2-4 所示。

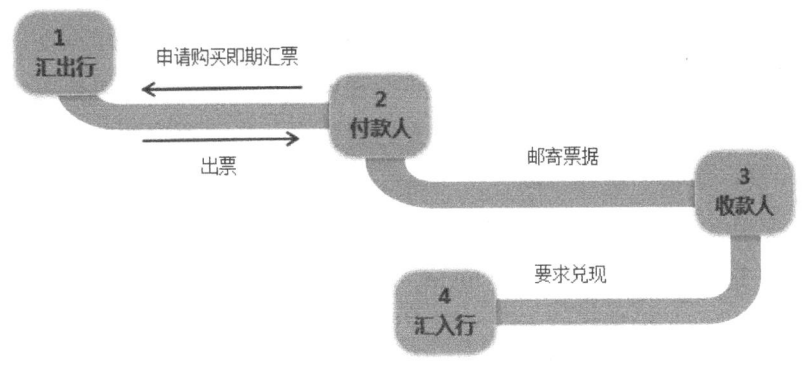

图 2-4　简易票汇支付流程图

2.2　托收支付

2.2.1　托收的定义

根据国际商会于 1995 年修订并一致通过的《托收统一规则》（又称《URC522》）

第二条对托收的定义："托收是指由接到托收指示的银行，根据所收到的指示处理金融单据或商业单据，以便取得付款或承兑，或凭付款或承兑交付单据，或按其他条款和条件交付单据的行为。"换句话说，托收是债权人（出口人）出具汇票，连同装运单据委托银行向债务人（进口人）收取货款的一种支付方式。

托收一般通过银行办理，所以，托收又称银行托收。银行托收的基本做法是，由出口人根据发票金额开出以进口人为付款人的汇票，向出口地银行提出托收申请，委托出口地银行（托收行）通过其在进口地的代理行或往来银行（代理行）代向进口人收取货款。

2.2.2 托收的分类

托收可分为光票托收和跟单托收两种。

1. 光票托收

光票托收（Clean Collection）是指仅凭金融单据而不附商业单据的托收。由于在光票托收业务中无商业票据，不牵涉货物的转移或处理，银行仅根据票据的付款条件付款。

2. 跟单托收

在国际贸易结算中，通常采用的是跟单托收（Documentary Collection）方式委托银行收取货款，即附有商业单据（发票、提单及类似装运单据）的托收。在跟单托收中，出口人除了要开立以进口人为付款人的汇票，还要附上有关的商业单据委托银行收取货款。因此，跟单托收是国际贸易单据化的典型表现形式之一。之所以要跟单，是因为要将作为货物所有权凭证的商业单据与进口人的货款进行当面两讫的交易。跟单托收依据向进口人交付装运单据的条件不同，又可进一步分为付款交单和承兑交单两种。

1）付款交单

付款交单（Documents against Payment，D/P）是出口人在委托银行向进口人收款时，指示银行只有在进口人付清货款后，才能向进口人交付装运单据的一种托收方式。付款交单方式对出口人来说，安全性较强，进口人不付款，就取不到装运单据；即使进口人恶意违约而拒不付款，至少出口人还可以控制货物。

按付款交单时间的不同，付款交单又可分为即期付款交单和远期付款交单两种。

（1）即期付款交单（Document against Payment at Sight，D/P at Sight）。出口人发货后开具即期汇票连同装运单据，通过银行向进口人提示，进口人见票后立即付款，进口人在付清货款后向银行领取装运单据。

（2）远期付款交单（Documents against Payment after Sight，D/P after sight）。出口人

发货后开具远期汇票连同装运单据,通过银行向进口人提示,进口人审核无误后即在汇票上进行承兑,于汇票到期日付清货款后再领取装运单据。

以上说明,不论是即期付款交单还是远期付款交单,进口人必须在付清货款之后才能取得单据,从而提取或转售货物。在远期付款交单条件下,如果付款日期和实际到货日期基本一致,仍不失为对进口人的一种资金融通,进口人可以不必在到货之前提前付款。如果付款日期晚于到货日期,进口人为了抓住有利行情,不失时机地转售货物,可以采取两种做法。一种做法是,在付款到期日之前提前付款赎单。另一种做法是,代收行对于资信较好的进口人,允许进口人凭信托收据(Trust Receipt)借取货物,先行提货。所谓信托收据,就是进口人借取货物时提供的一种书面信用担保文件,用来表示愿意以代收行的受托人身份代为提货、报关、存仓、保险、出售并承认货物所有权仍属于银行。货物售出后所得的货款,应于汇票到期时交付银行。这是代收行自己向进口人提供的信用便利,与出口人无关。因此,如代收行借出单据后,汇票到期却没有收到货款,则代收行应对委托人负全部责任。

2)承兑交单

承兑交单(Document against Acceptance,D/A)是出口人开立远期汇票并附装运单据,通过银行向进口人提示,进口人审核无误后在汇票上承兑,并从银行获得装运单据提取货物,至汇票到期日再付货款的一种托收方式。承兑交单方式是出口人给予进口人的一种资金融通,进口人在获取装运单据时,仅在汇票上承兑,并未实际付款。倘若进口人的货物销售顺畅,至汇票到期日应付款时,货物已经售出,进口人几乎可以做无本的生意。然而,对出口人来说,其风险是不言而喻的:如果进口人不讲信用,承兑汇票后将提取的货物销售一空,至汇票到期日拒不付款或破产,则出口人将钱货两空。所以出口人承受了极大的收汇风险。

上述远期付款交单与承兑交单有相似之处,两者均由出口人开立远期汇票并由进口人在汇票上承兑;两者均在汇票到期日才由进口人付款。不过,两者的本质区别在于,前者必须在汇票到期日付清货款后,银行才交付装运单据;而后者在进口人承兑汇票后,可立即从银行获得装运单据提货,直至汇票到期日才付款。因此,远期付款交单方式对出口人的收汇安全性显然比承兑交单大得多。

由于远期付款交单与承兑交单有诸多相似之处,各国的银行对远期付款交单的处理方式各不相同,西欧国家的银行一般不接受远期付款交单,凡是托收行委托其办理代收业务的,大多要求授权改为承兑交单。美国银行在接到此类委托时,通常会通知托收行,远期付款交单被自动视为承兑交单。中东地区的银行也常常将远期付款交单与承兑交单混为一谈。这样就增加了出口人收汇的风险。因此,为了安全起见,出口人要慎用远期付款交单方式。

2.2.3 托收支付的流程

1. 光票托收流程

光票托收是银行受客户委托办理的不附带任何商业单据的金融单据的托收业务，适用交易如下。

（1）贸易、非贸易项下的小额支付。

（2）在国内不能兑换的外币现钞（含残币）。

（3）外汇支票、本票，以及国外债券、存单等有价凭证的托收业务。

（4）不能或不便提供商业单据的交易，如寄送样品、软件等高科技产品交易、时令性商品交易，以及服务、技术转让等无形贸易。

以中国银行的光票托收业务为例，其流程如图 2-5 所示。

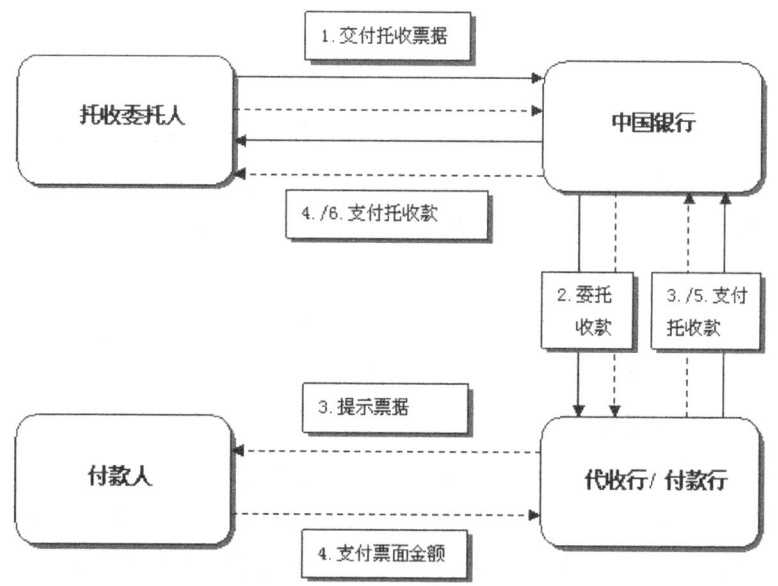

图 2-5 中国银行的光票托收业务流程图

2. 跟单托收的交单条件及业务流程

根据《URC522》，跟单托收的交单方式有付款交单、承兑交单和凭其他条件交单。

1）付款交单

付款交单的特点是先付款后交单，在付款之前，出口人仍然掌握着对货物的支配权，因此出口人的风险较小。

根据托收汇票付款期限的不同，付款交单又有即期付款交单和远期付款交单之分。

① 即期付款交单的业务流程如图 2-6 所示。

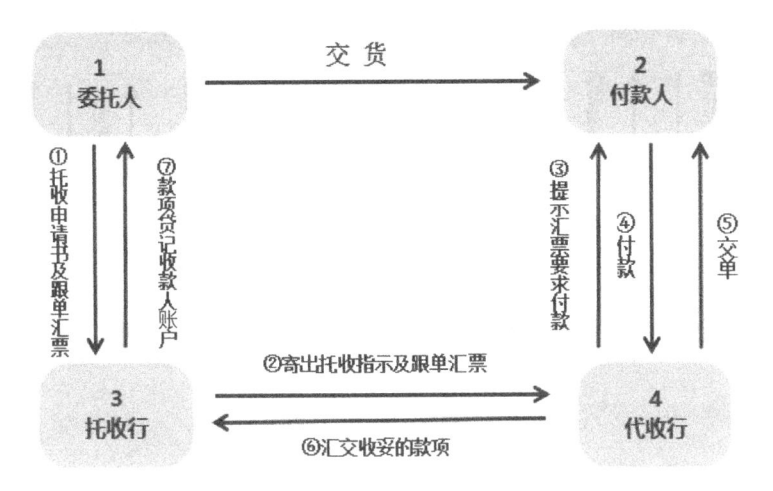

图 2-6 即期付款交单的业务流程图

② 远期付款交单的业务流程如图 2-7 所示。

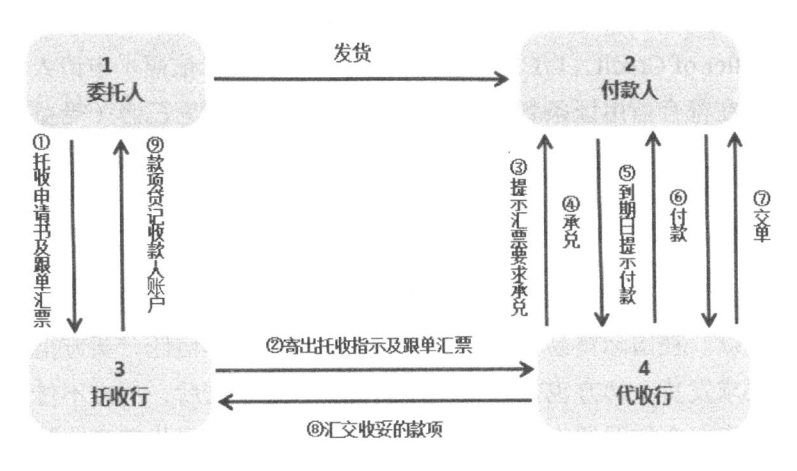

图 2-7 远期付款交单的业务流程图

2）承兑交单

承兑交单是被委托的代收行根据托收指示，于进口人承兑汇票后，将装运单据交给进口人，进口人在汇票到期时履行付款责任的一种托收方式。它适用于远期汇票的托收。这种方式因为出口人在进口人承兑汇票后就不能控制单据，所以出口人承担的风险较大，而且承兑的期限越长，风险越大。在实际跨境支付业务中，应避免或严格控制采用承兑交单方式，在不得不使用承兑交单方式时（如推销滞销产品或产品竞争力较差等情况），也应尽可能缩短承兑期限。其业务流程如图 2-8 所示。

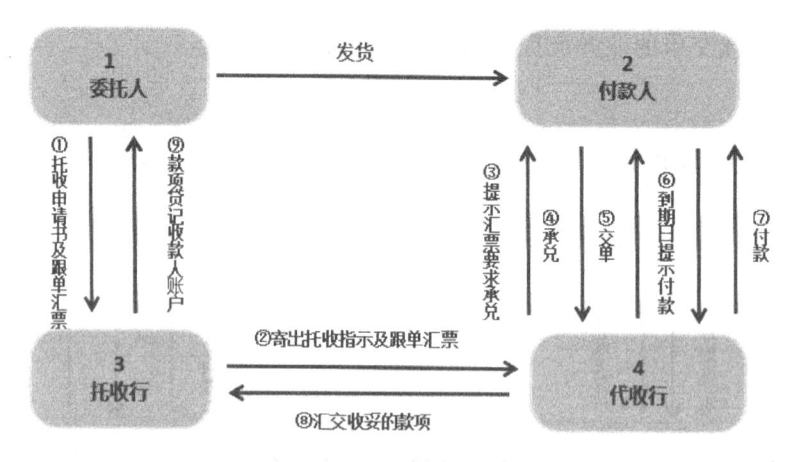

图 2-8 承兑交单的业务流程图

2.3 信用证支付

2.3.1 信用证的定义

信用证（Letter of Credit，L/C），是指由银行（开证行）依照（申请人的）要求和指示或自己主动，在符合信用证条款的条件下，凭规定单据向第三者（受益人）或其指定方进行付款的书面文件。也就是说，信用证是一种银行开立的、有条件的、承诺付款的书面文件。它是指银行根据进口人（买方）的请求，开给出口人（卖方）的一种保证承担支付货款责任的书面凭证。银行授权出口人在符合信用证条款的条件下，以该行或其指定的银行为付款人，开具不得超过规定金额的汇票，并按规定随附装运单据，按期在指定地点收取货款。在国际贸易活动中，买卖双方可能互不信任，买方担心预付款后，卖方不按合同要求发货；卖方也担心在发货或提交装运单据后，买方不付款。因此需要两家银行作为买卖双方的保证人，代为收款交单，以银行信用代替商业信用。银行在这一活动中所使用的工具就是信用证。

2.3.2 信用证的分类

1. 以"据"划分

1）以信用证项下的汇票是否附有装运单据划分

（1）跟单信用证。跟单信用证是凭跟单汇票或仅凭单据付款的信用证。此处的单据指代表货物所有权的单据（如海运提单等），或者证明货物已交运的单据（如铁路运单、航空运单、邮包收据）。

（2）光票信用证。光票信用证是凭不随附装运单据的光票付款的信用证。银行凭光票信用证付款时，也可要求受益人附交一些非装运单据，如发票、垫款清单等。

在国际贸易的货款结算中，大部分使用跟单信用证。

2）以开证行所负的责任为标准划分

（1）不可撤销信用证（Irrevocable L/C）。不可撤销信用证指信用证一经开出，在有效期内，未经受益人及有关当事人同意，开证行不能片面修改和撤销，只要受益人提供的单据符合信用证条款，开证行必须履行付款义务的信用证。

（2）可撤销信用证（Revocable L/C）。可撤销信用证指开证行不必征得受益人或有关当事人同意，有权随时撤销的信用证，但应在信用证上注明"可撤销"字样。《跟单信用证统一惯例》（又称《UCP600》）第10条规定，除本惯例第38条另有规定外，凡未经开证行、保兑行（如有）及受益人同意，信用证既不能修改也不能撤销。银行不可开立可撤销信用证。（注：常用的信用证一般都是不可撤销信用证。）

3）以有无另一银行加以保证兑付为依据划分

（1）保兑信用证（Confirmed L/C）。保兑信用证指开证行开出的信用证由另一银行保证对符合信用证条款的单据履行付款义务的信用证。对信用证加以保兑的银行，称为保兑行。

（2）不保兑信用证（Unconfirmed L/C）。不保兑信用证开证行开出的信用证没有经另一家银行保兑的信用证。

4）根据付款时间的不同划分

（1）即期信用证（Sight L/C）。即期信用证指开证行或付款行收到符合信用证条款的跟单汇票或装运单据后，立即履行付款义务的信用证。

（2）远期信用证（Usance L/C）。远期信用证指开证行或付款行收到信用证的单据后，在规定期限内履行付款义务的信用证。

（3）假远期信用证（Usance Credit Payable at Sight）。假远期信用证规定，受益人凭此开立远期汇票，由付款行负责贴现，并规定一切利息和费用由开证人承担。这种信用证对受益人来讲，实际上仍属于即期收款，在信用证中载有"假远期"条款。

5）根据受益人对信用证的权利可否转让划分

（1）可转让信用证（Transferable L/C）。可转让信用证指信用证的受益人（第一受益人）可以要求授权付款、承担延期付款的责任、承兑或议付的银行（统称转让行），或当信用证是自由议付时，可以要求信用证中特别授权的转让银行，将信用证的全部或部分权利转让给一个或数个受益人（第二受益人）使用的信用证。开证行在信用证中要明确注明"可转让"字样，且只能转让一次。

（2）不可转让信用证。不可转让信用证指受益人不能将信用证的权利转让给他人的信用证。凡信用证中未注明"可转让"字样，即不可转让信用证。

2. 依信用证的作用划分

1）红条款信用证

此种信用证可让开证行在收到单证之后，向卖家提前预付一部分款项。这种信用证常用于制造业。

2）循环信用证

循环信用证（Revolving L/C）被全部或部分使用后，其金额又恢复到原金额，可再次使用，直至达到规定的次数或规定的总金额为止。它通常在分批均匀交货的情况下使用。在循环信用证条件下，恢复到原金额的具体做法如下。

（1）自动式循环。每次用完一定金额后，不需要等待开证行的通知，即可自动恢复到原金额。

（2）非自动循环。每次用完一定金额后，必须待开证行的通知到达，信用证才能恢复到原金额使用。

（3）半自动循环。每次用完一定金额后，在若干天内，开证行未发出停止循环使用的通知，自第××天起即可自动恢复至原金额。

3）对开信用证

对开信用证（Reciprocal L/C）是指两张信用证申请人互以对方为受益人而开立的信用证。两张信用证的金额相等或大体相等，可同时互开，也可先后开立。此种信用证多用于易货贸易或来料加工和补偿贸易业务。

4）背对背信用证

背对背信用证（Back to Back L/C）又称转开信用证，即受益人要求原证的通知行或其他银行以原证为基础，另开一张内容相似的新信用证。背对背信用证的开证行只能根据不可撤销信用证来开立。通常情况是，中间商转售他人货物，或两国不能直接办理进出口贸易时，通过第三者，以开立背对背信用证的方法来沟通贸易。原信用证的金额（单价）应高于背对背信用证的金额（单价），背对背信用证的装运期应早于原信用证的规定。

5）预支信用证/打包信用证

预支信用证/打包信用证（Anticipatory Credit/Packing Credit）是指开证行授权代付行（通知行）向受益人预付信用证金额的全部或一部分，由开证行保证偿还并负担利息的信用证。预支信用证/打包信用证的开证行付款在前，受益人交单在后，与远期信用证相反。预支信用证/打包信用证凭出口人的光票付款，也可以要求受益人附一份负责补交信用证规定单据的说明书；当单据补交后，付款行在交付剩余货款时，将扣除预支货款的利息。

6）备用信用证

备用信用证（Standby Credit）又称商业票据信用证（Commercial Paper Credit）、担

保信用证,是指开证行根据开证申请人的请求对受益人开立的承诺承担某项义务的凭证,即开证行保证在开证申请人未能履行其义务时,受益人只要凭备用信用证的规定并提交开证人违约证明,即可取得开证行的偿付。对受益人来说,这是备用于开证人违约时,取得补偿的一种方式。

2.3.3 信用证支付的流程

交易双方约定将信用证作为支付结算手段。首先,由开证申请人根据合同填写开证申请书,并交纳押金或提供其他保证,请开证行开证。开证行根据申请书内容,向受益人开出信用证并寄交出口人所在地通知行。通知行核对印鉴无误后,将信用证交受益人。其次,受益人审核信用证内容与合同规定相符后,按信用证规定装运货物、备妥单据并开出汇票,在信用证有效期内,送议付行议付。再次,由议付行按信用证条款审核单据无误后,把货款垫付给受益人。议付行将汇票和相关单据寄交开证行或其特定的付款行索偿。然后,开证行核对单据无误后,付款给议付行。最后,开证行通知开证人付款赎单。信用证支付流程图如图 2-9 所示。

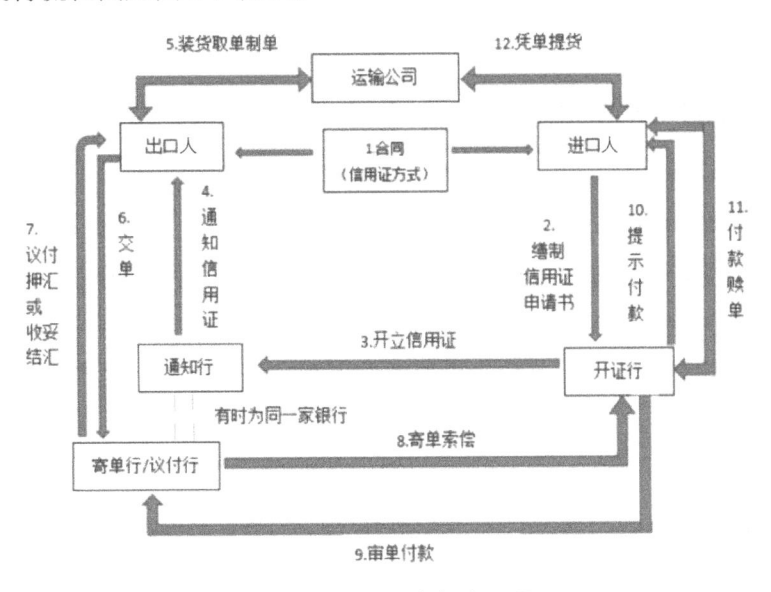

图 2-9 信用证支付流程图

2.4 线下支付方式的风险及防范措施

跨境贸易是一个商品与货款对流的过程。在交易过程中,按照《联合国国际货物销售合同公约》的规定,卖方必须"交付货物,移交一切与货物有关的单据并转移货物所有权",买方必须"支付货物价款和收取货物"。这种支付受到多种因素的影响,直接关系到贸易能否顺利进行，买卖双方在考虑采取何种支付方式时必须慎之又慎，需要警惕并防范各种可能发生的风险。

2.4.1 欺诈风险及防范措施

欺诈风险是指由人为欺诈所导致的贸易风险，即由贸易主体的欺诈行为导致的始料未及的风险。欺诈行为主体可能是参与贸易的单方、多方或双方，或由贸易主体与船东共谋，或船东自谋等。欺诈的目标可能是定金、预付货款、货款、货物、保险金等。

1. 谨防合同欺诈，完善合同条款规避风险

合同对跨境贸易中买卖双方的责任、权利、义务、费用和风险等进行了明确的划分，具有法律效应。

制定一份完善的合同，至少应做到：对合同中的每一个条款理解准确、深刻；交易磋商时细心、全面；缮制合同时严密、完整；履约时一丝不苟、及时沟通。这需要业务人员具备扎实的进出口相关知识和丰富的经验，外语水平过硬，并且熟悉有关法律知识和国际惯例。

2. 信用证支付结算的风险与防范

信用证方式下贸易双方及开证行面临的风险如下。

1）进口人面临的风险

（1）出口人交货严重违反合同的要求。

（2）出口人伪造单据骗取货款。

（3）出口人勾结承运人出具预借提单或倒签提单，或勾结其他当事人如船长等将货物中途卖掉。

2）出口人面临的风险

（1）由交货期、交货数量、规格等不符合同的要求造成的风险。

（2）由软条款而导致的风险。

（3）进口人利用伪造、变造的信用证绕过通知行直接寄给出口人，引诱出口人发货，骗取货物。

（4）正本提单直接寄给进口人。

（5）进口人申请开立不合格信开证，并拒绝或拖延修改，或改用其他付款方式支付。

（6）开证行倒闭或无力偿付信用证款项。

例如，我方向外方出口冻羊肉 20 吨，每吨 400 美元 FOB。合同规定数量可增减 10%。外方按时开来信用证，证中规定金额为 8000 美元、数量约为 20 吨。结果我方按 22 吨发货装运，但持单到银行办理议付时遭到拒绝。问原因何在?

根据《UCP600》，凡"约""大约"或类似意义的词语用于有关信用证金额或信用证规定的货物或单价者，均解释为允许其金额或数量或单价有不超过10%的增减差额。而且，在签约时如数量为约量，则来证之金额前也应有相应规定。否则，不能多装。特别是对外汇紧缺和管制严格的国家尤应如此。

就本例而言，信用证中数量为约量，金额前却没有类似"约"或"大约"的词语。据此，我方可以多装2吨的货物，但不可以持22吨的发票和8800美元的汇票向银行办理议付。

信用证不是一种无懈可击的支付方式，银行信用无法完全取代商业信用，也无法完全避免商业风险。我们必须注意对信用证项下风险的防范。

（1）加强信用风险管理，重视资信调查。

（2）努力提高业务人员的素质，保持高度的警惕性。

（3）信用证业务的特点决定了单据对整笔业务完成的重要性。

（4）开证行应认真审查开证申请人的付款能力，严格控制授信额度，对资信不高的申请人要提高保证金比例，落实有效担保。

2.4.2 交易风险及防范措施

在跨境贸易中，交易风险主要包括国家性风险和各种支付手段可能产生的风险。

1. 国家性风险

国家性风险是指由国家事故造成的风险。

（1）政治因素，如本国或外国发生政府更迭、政局动荡不安、爆发战争等。

（2）社会因素，如发生种族冲突及宗教冲突等。

（3）贸易制度因素，如外汇管制、贸易管制、国际贸易政策的差异，以及不同的法律、不同的习惯、歧视性的贸易政策等。

（4）国际性危机因素，如金融危机等。

（5）反倾销政策。

2. 各支付手段可能产生的交易风险

1）汇付可能产生的交易风险

如果采用预付方式，则进口人的资金占有时间较长，并将承担几乎所有的风险；如果采用货到付款或赊账记账（O/A）方式，则风险将由出口人承担，其经济负担同样较重；在使用票汇时，如果出票一方的信用不好，使用了假汇票或变造的汇票，则可能导致出口人钱货两空;在使用电汇或信汇时,汇款人可能会在将办理好的汇款手续的银行电汇或信汇的收据传真给出口人后,再在款项解付前向汇付行提出撤销汇款的要求。

2)托收可能产生的交易风险

托收在实际使用中存在诸多风险,主要体现在以下两个方面。

第一,尽管相对于货到付款,托收对于出口人的风险已经降低了许多,但托收方式仍具有商业信用性质。出口人委托银行向买方收取货款,能否收到货款完全取决于进口人的信用,但有些信誉不佳的进口人在货物行情下跌的情况下会拒付或要求折扣。因此,在实务操作中采用托收方式收取货款,对出口人来说仍有较大的风险。

第二,托收往往受到有关国家和地区的法律法规和社会动荡等因素的影响,而且不同国家和地区对于托收的规定往往不同。在南美的一些国家中,由于当地的一些习惯和做法,人们在实际操作中,将付款交单方式等同于承兑交单的方式,在这些地区使用付款交单方式,如果不了解这些习惯和做法,可能会导致收汇失败。

3)信用证可能产生的交易风险

在跨境贸易中使用信用证同样存在许多风险,主要体现在如下方面。

(1)从效率方面来讲,其机械、刻板的一致性原则常为不法商人所利用,一旦其中一个环节出了问题,即使是很细小的问题,当事人一方也可能蒙受巨大的损失。

(2)从功能方面讲,信用证的作用体现在风险规避和结算两个方面。相对于出口信用保险的承保范围,采用信用证方式结算除了承保进口人的商业风险,还要承担政治、战争风险。

(3)从实效方面讲,使用信用证方式的程序繁杂,其对于提交的单据要求严格。与托收相比,在出口企业制单、议付行和开证行审单三个环节上至少要多花费5~6个工作日;在需要转开证或限制非所在地银行议付的情况下,需要更长的时间。

例如,某外资企业出口一批货物,买卖合同与信用证均规定为CIF条件,在货物装运后,出口企业在向轮船公司支付了全额运费,取得了由船公司签发的已装船清洁提单,但制单人员在提单上漏打了"Freight Prepaid"(运费预付)字样。当时正值市场价格下跌,开证行根据开证申请人的意见,以所交单据与信用证不符为由拒付货款。

在案例中银行的拒付有道理。根据《UCP600》的规定,按照指定行事的被指定银行、保兑行(如有)及开证行必须对提交的单据进行审核,并仅以单据为基础,以决定单据在表面上看来是否构成相符的提示。

在本案中,根据信用证规定的CIF条件,显然由出口人预付运费,提单中漏掉/未显示此内容,就造成了单据与信用证内容不符,故银行有权拒付货款。

在以信用证方式成交时,按《UCP600》的规定,在金额不超过信用证规定时,对于仅用度量衡制单位表示数量的,可有5%的增减幅度。如果在数量上加有"大约"一类的词语,则可有10%的增减幅度。

3. 交易风险的防范和对策

1）汇付风险的防范和对策

（1）加强对进口人的资信调查。交易对象的经营作风和资信状况直接影响着交易双方合作的顺畅程度和合同履行的质量。因此，加强对进口人的资信调查，选择资金实力比较雄厚、信用好的进口人是安全收汇的重要保障。

（2）签订相对有利的结算条款。首先，出口人要尽可能争取提高预付款的比例。电汇货款时的预付款比例一般为30%左右，如果条件允许，出口人要争取进一步提高这个比例，比例越高，意味着出口人在合同履行中的风险越小，而且能缓解出口人的资金压力。

2）托收风险的防范和对策

（1）调查对方的资信状况，选择可靠的合作伙伴。出口人在交易前要仔细调查合作伙伴的资信状况，选择可靠的合作伙伴，即使对于打过多次交道的客户也应仔细调查和考察其资信状况和经营作风。

（2）了解出口国的有关贸易条例和法规。由于各个进口国的贸易管制条例和法规不尽相同，因此在和一个实行严格贸易管制的国家的进口人打交道时一定要谨慎，要提前确认贸易管制条件。

（3）尽量选用即期付款交单。由于远期付款方式的具体掌握方法在国际上尚无明确的规定，各国的处理方法也不同，所以远期托收还存在许多争议，因此出口人应慎重使用这种方式。如果使用，则应对期限加以控制，一般应控制在不超过从出口地到进口地的运输时间。

3）信用证风险的防范和对策

（1）做好客户资信调查。客户资信调查主要包括对方的经营状况、清偿能力、经营规模、经营业绩及产品的市场价格情况等。出口人可以通过信息机构获取有关资料，对其以往的交易情况做出分析。

（2）加强对开证银行的资信调查。信用证属于银行信用，因而开证行的信用至关重要。在实际业务中，一些资信不良的小银行与进口人勾结开出信用证后，又以各种理由拒绝付款，使出口人遭受损失。为防范这一风险，出口人应事先了解进口人所在国家或地区的经济、金融状况及当地银行信用证业务的情况，在订约时具体规定信用证的开证行，并要求由开证行以外的另一家银行对该信用证进行保兑。

（3）认真订立买卖合同。在信用证结算业务中，合同是信用证的基础。因此，交易双方应该预先在买卖合同中对信用证的内容做出明确规定，以免日后产生争议。信用证有多种类型，各自有各自的优势和风险，交易双方应该慎重进行选择。比如，对于进口人而言，应该争取使用远期信用证，这样可以缓解资金压力，提高资金的使用效率，如果出口人有欺诈行为，则进口人可以及时向法院提出解除贸易的命令，降低自身的损失；对于出口人而言，应该争取让对方的开证行开立不可撤销的保兑信用证，增加信用证的使用安全。

（4）严格审查信用证。出口人在接到信用证后要对信用证进行认真审查。

2.4.3 资金风险及防范措施

在跨境贸易中，进口人或出口人中至少有一方是以外币计价的，但外汇汇率又处于变动之中，为此参与贸易的一方就一定会承担汇率跌落的风险。另外，自国际货物买卖合同成立以后，货物的价格或原材料都可能发生很大的变化，参与贸易的一方就必须承担由价格升降引起的风险，如汇率风险、利率风险及价格风险。

那么，在跨境贸易中应该如何进行此类风险的防范呢？

1. 采取稳定的费用结算货币

在跨境贸易中，尽量将本国的货币作为计价、结算的货币，由于本国货币一般不存在货币汇率问题，不会涉及货币兑换等情况，几乎不存在外汇风险。但是，人民币当前能够使用的国家并不多，所以一般不会将人民币作为计价、结算的货币。对此，就需要选择汇率较为稳定的货币作为计价、结算的货币，最好选择具有一定通用性、国际性的货币，一方面能够防止货币的汇率变化，另一方面能够保障货币的兑换自由性、便利性，如欧元、美元等。在实际情况中，人民币目前并不是可自由兑换的货币，但是人民币已经可以作为结算货币。例如，如果我国进出口企业使用人民币进行结算、计价，那么几乎所有的外汇风险都将被拒之门外；如果使用美元、欧元等较为普遍的货币进行计价、结算，虽然仍然存在一定的风险，但是这些风险所形成的威胁并不会很大。

2. 进出口巧选"硬""软"

企业在签署跨境贸易订单时，订单费用的支付方式需要尽可能地选择"出软、进硬"的方式。因为硬币的价值不易贬值或汇率波动，相反软币的价值无法固定。所以，在出口贸易合同中，应尽可能地选取硬币作为计价、结算的货币，而对于进口贸易来说，则应尽可能地选择软币作为计价、结算的货币，这样能极大程度地降低企业的汇率风险。除此之外，在国际上向外借款时也需要使用这种方式，即在向外支付费用、利息时应尽可能地选择软币，而在向外收取利息时则尽可能地选择硬币。

3. 选择科学的结算方式

对于进出口企业而言，可以通过推迟结算时间或提前结算时间来降低外汇风险。在合同生效之后，企业需要尽可能地追踪预计收取或支付的货币本币汇率的变化，按照对外汇汇价的预计变化情况，适当地调整外汇费用的收取、支付时间，从而降低外汇风险。

例如，在出口业务当中，如果计价货币的汇率在近期内呈现上升的趋势，则可以在合同规定的时间内，尽可能地延长货币交付时间，或者向对方企业提供一些有利条件，延长出口贸易的收汇时间。反之亦然，如果计价货币的汇率在近期内呈现下跌的趋势，则可以在保障货物装运的同时适当提前货币交付时间。而对于国际进口贸易，则需要反向操作。除此之外，外贸企业在进出口收汇的过程中，一般需要采取安全、及时的收汇款方式。一般情况下，建议使用信用证的收汇原则，否则依次考虑付款交单、承兑交单方式。

4. 采取科学的融资方式

国际贸易融资方式非常多，采用出口融资是解决进出口企业资金周转困难的有力措施之一。需要注意的是，出口融资环节也是易发生外汇风险的主要环节。对于出口贸易企业而言，采用国际贸易融资可以提前获取外币的融资款项并及时地进行汇款结算，提前定义收回款。这样既能够满足收汇期及出口发货的现金流要求，还巧妙地避开了各项外汇风险。

中小型企业一般会习惯性地使用信用证下的出口押汇，而进出口企业为了缓解短期内的资金流动短缺现象，如果需要延长融资，则可以使用保理业务或福费廷业务。除此之外，在延长付款出口业务的过程中，出口人需要适当地将承诺兑换的远期汇票向银行贴现。通过这一类方式，除了能够尽快地提取货款，还能够加快流动资金的周转效率，从而降低企业自身的资金风险和外汇风险。

5. 巧妙地利用金融衍生工具

巧妙地利用金融衍生工具主要可以通过三个方面降低外汇风险。

1）外汇期权交易

在期货的基础之上衍生出来的期权交易是一种具备更多特性、更多便利性的交易模式，其能够给予购买方在一段时间内按照某种价格卖出或买进一定数量的某一种外汇的权利。使用这一类金融衍生工具，对于进口人而言，购买买进期权或卖出一定数量的外汇资产，在市场汇率高于成交价格的过程中，期权是能够盈利的，并且会被要求履行支付义务，但亏损时，则可以放弃外汇资产的权利。这一金融衍生工具对于出口人而言，当市场汇率低于成交价时，其卖出、购入的期权会使其盈利，从而实现期权收益；反之，当其放弃期权时，其损失的仅是购买期权时所支付的期权费用而已。

2）外汇期货交易

外汇期货币交易必须在预先确定汇率后再决定交汇时间和交汇金额。但是，外汇期货交易是一种高标准化的合约式贸易，其交割时间、交割金额都非常固定，其外汇期货合同需要每天进行清算。但是期货交易发展到现在，到期时进行交割的合同越来越少，几乎所有的合同都是在到期之前平仓，将买进的合约卖出，或将卖出的合同买进。例如，出口人与有国际业务的银行预计在之后的某一个时间段内会得到一笔外汇款，为了降低外汇汇率下降所形成的经济损失，一般使用卖出套期保值的方式。卖出套期保值又称空头套期保值，也就是在期货市场上卖出之后再买进。而进口人或需要支付汇款的人则会因为担心支付汇款时本国货币会贬值，所以普遍会使用买入套期保值的方式，也就是在期货市场上买进之后再卖出。

3）远期外汇交易

合同签订之后，在货款结算的时间之内，如果外汇汇率发生变化极易导致贸易双方在汇兑过程中遭受经济损失。远期外汇交易主要是将结算汇率预先确定下来，从而降低贸易双方的外汇风险。但是，企业使用远期外汇交易避免的是利益还是损失，关键在于汇率预测的准确性。具体做法是，在贸易双方签订贸易合同之后，企业按照银行的远期报价卖出或买进与合同金额相对应的远期外汇，并确定交割期间或支付期间，到结算时间之后，无论当时的汇率变化如何，都按照预先所确定的远期汇率进行出售外汇或购买外汇，从而实现降低外汇风险的目的。但是，即使汇率在当时对于企业而言有利，企业也无法获得这一利益。所以，最终躲避的是风险还是利益是由汇率预测结果决定的。

本章小结

跨境电商的关键问题是支付，跨境贸易中常用的三种线下支付方式为汇款、托收、信用证。汇款是进口人通过银行将货款付给出口人，讲究商业信用。汇款有信汇、电汇和票汇三种办法。托收是出口人在装运货物后，开具汇票，连同全套装运单据，委托出口地银行通过它在进口地的分行或代理行向进口人收取货款，讲究商业信用。其下又分付款交单和承兑交单。信用证是银行应进口人的要求，开给出口人的一种保证承担付款责任的凭证，讲究银行信用。信用证根据开证行所负的责任可分为可撤销信用证和不可撤销信用证两种，根据付款时间可分为即期信用证、远期信用证和假远期信用证三种。此外，还有一些特别的信用证，如保兑信用证、可转让信用证、循环信用证、预支信用证/打包信用证等。值得注意的是，无论使用哪种方式，都会存在相应的诈骗、交易、资金风险，需要谨慎防范。

课后习题

一、选择题

1. T/T 指的是（　　）。
   A. 信汇　　　　　　　　　　　　B. 电汇
   C. 票汇　　　　　　　　　　　　D. 信用证

2. 在其他条件相同的前提下，（　　）的远期汇票对受益人最为有利。
   A. 出票后若干天付款　　　　　　B. 提单签发日后若干天付款
   C. 见票后若干天后付款　　　　　D. 货到目的港后若干天

3. 托收是出口人根据合同规定装运货物后，开具汇票，连同装运单据委托银行向进口人收取货款的一种方式。在跨境贸易的货款结算中，通常采用（　　）。
   A. 跟单托收　　　　　　　　　　B. 光票托收
   C. 信汇　　　　　　　　　　　　D. 电汇

4. 信用证是依据买卖合同开立的，出口人要保证安全收汇，必须做到（　　）。
   A. 提交的单据与买卖合同规定相符
   B. 提交的单据与信用证规定相符
   C. 提交的单据既要与买卖合同规定相符，又要与信用证规定相符
   D. 当信用证与买卖合同规定不一致时，提交的单据应与买卖合同规定为主，适当参照信用证有关规定

5. 在国际贸易中，用以统一解释、调和信用证各有关当事人矛盾的国际惯例是（　　）。
   A.《URC522》　　　　　　　　　B.《UCP600》
   C.《合约保证书统一规则》　　　　D. 国际商会第 434 号出版物

6. 如果信用证的有效期规定为 3 个月或 6 个月，但未列明从何时起算，按照《UCP600》的规定，其有效期应从（　　）起算。
   A. 合同签订之日　　　　　　　　B. 货物装船之日
   C. 信用证的开证日　　　　　　　D. 货物到达目的地之日

7. 使用 D/P、D/A 和 L/C 三种结算方式，对于卖方而言，风险由大到小依次为（　　）。
   A. D/A、D/P 和 L/C　　　　　　 B. L/C、D/P 和 D/A
   C. D/P、D/A 和 L/C　　　　　　 D. D、D/A、L/C 和 D/P

8. 《UCP600》认为，凡"约""大约"视为不超过（　　）的增减幅度。
   A．3%　　　　　　　　　　　B．5%
   C．8%　　　　　　　　　　　D．10%

二、判断题

1. 汇票经过背书后，可以转让。　　　　　　　　　　　　　　　　（　　）
2. 银行汇票是光票，商业汇票是跟单汇票。　　　　　　　　　　　（　　）
3. 票汇是汇付的一种方式，属于商业信用，故使用商业汇票。　　　（　　）
4. 对于卖方而言，D/A60天要比D/P60天风险要大。　　　　　　　（　　）
5. 信用证是一种银行开立的、无条件的、付款承诺的书面文件。　　（　　）
6. 若错过了信用证有效期，到银行议付时，只要征得开证人的同意，即可要求银行付款。　　　　　　　　　　　　　　　　　　　　　　　　　　　　　　（　　）
7. 托收属于商业信用，所使用的汇票是商业汇票，信用证属于银行信用，所使用的汇票是银行汇票。　　　　　　　　　　　　　　　　　　　　　　　（　　）
8. 对卖方而言，在汇付、托收和L/C三中支付方式中，汇付的风险最大。
   　　　　　　　　　　　　　　　　　　　　　　　　　　　　　（　　）

三、简答题

1. 什么是汇付？电汇、票汇及信汇三种汇付方式有何异同？
2. 什么是托收？
3. 什么是信用证？信用证支付的一般程序是什么？

第3章 线上支付与结算方式

学习目标

- 了解主流跨境电商线上支付与结算方式；
- 掌握主流跨境电商线上支付与结算的流程；
- 了解跨境电商线上支付方式的主要风险及其防范措施。

学习重难点

- 重点：主流跨境电商线上支付与结算的交易流程。
- 难点：国际信用卡的支付与结算的流程；第三方支付的交易流程。

本章思维导图

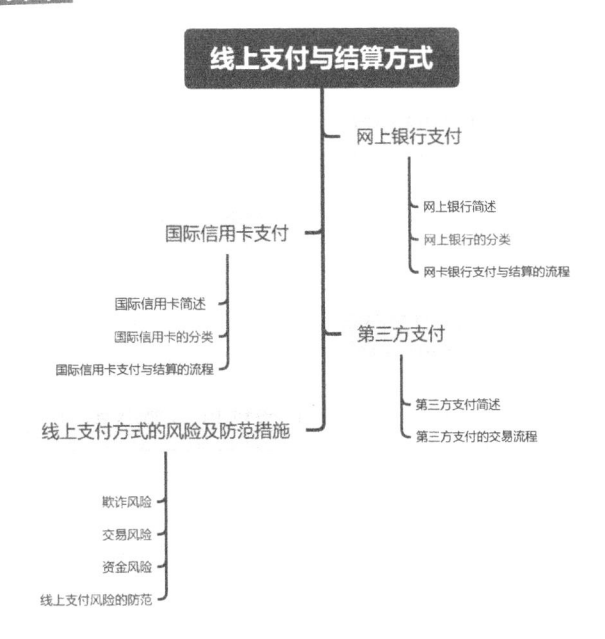

```
                        线上支付与结算方式
                               │
              ┌────────────────┼────────────────┐
              │                                 │
                                          网上银行支付
                                               │
                                    ┌──────────┼──────────┐
                                    │  网上银行简述
                                    │  网上银行的分类
                                    │  网卡银行支付与结算的流程
         国际信用卡支付
              │
    ┌─────────┤
    │  国际信用卡简述                       第三方支付
    │  国际信用卡的分类                          │
    │  国际信用卡支付与结算的流程       ┌────────┤
                                          │  第三方支付简述
    线上支付方式的风险及防范措施         │  第三方支付的交易流程
              │
    ┌─────────┤
    │  欺诈风险
    │  交易风险
    │  资金风险
    │  线上支付风险的防范
```

3.1 网上银行支付

跨境电商支付与结算分为线下支付与结算和线上支付与结算,本章介绍线上支付与结算方式。本节将介绍线上支付与结算方式之一——网上银行支付。

3.1.1 网上银行简述

2017年12月1日,《公共服务领域英文译写规范》正式实施,规定网上银行的标准英文名为Online Banking Service。网上银行又称网络银行、在线银行或电子银行,其本质是各大银行在互联网设立的虚拟柜台。各大银行利用网络技术,通过互联网向客户提供开户、销户、查询、对账、行内转账、跨行转账、信贷、网上证券、投资理财等金融服务项目,从而使客户足不出户就能够安全、便捷地管理活期和定期存款、支票、信用卡及个人投资等。

网上银行自20世纪末以来得到迅速发展。1995年10月18日,全球首家以网络银行冠名的金融组织——安全第一网络银行(Security First Network Bank,SFNB)打开了网上银行的"虚拟之门"。1997年年末,美国可进行交易的金融网站有103个,其中包括银行和存款机构,到1998年年末跃升至1300个。1996年2月,中国银行在国际互联网上建立了主页,首次开始在互联网上发布信息。目前我国的工商银行、农业银行、建设银行、中信实业银行、民生银行、招商银行、太平洋保险公司、中国人寿保险公司等金融机构都已经在国际互联网上设立了网站。越来越多的商业银行设立互联网金融部、数字金融部等,与金融科技公司进行开放式合作,打造数字化银行。未来,网上银行将凭借着存款利息高和实时、方便、快捷、成本低、功能丰富的24小时服务获得越来越多客户的喜爱,其自身也会迅速成长,成为未来银行业非常重要的一个组成部分。

网上银行支付是一种即时到账交易。网上银行支付是中国银联最为成熟的在线支付功能之一,也是国内电商企业与跨境电商企业开展线上交易不可或缺的支付方式。企业与个人用户使用网上银行支付的基本前提是开通银行卡的网上银行支付功能。在使用网上银行支付时,用户仅需要在该银行卡所属的网银页面输入银行卡信息并验证支付密码,无须跳转至其他支付平台,因此,网上银行支付具有稳定易用、安全可靠的特点。具体来看,网上银行支付还具备以下特点。第一,高效、低成本地接入银行。合作商家无须与多家银行一一对接,降低了系统开发和维护的成本,无须任何网络硬件和人力成本投入,在线即可轻松实现收付。第二,无须开发即可集成。用户与银行紧密集成,从而建立了一个从用户到银行的安全通道,进而提高用户对线上支付的信任度。网上银行所提供的畅通的支付途径与稳定的支付后台能在较大程度上保证交易的稳定性。第三,支付网关轻松接入。中国银联支付平台提供标准的接入说明文档,提供多种网络程序语言接入样例,接入更加方便、快捷。

通过使用网上银行,客户只要拥有网银账号和密码,便能在世界各地通过互联网进入网上银行处理交易。因此,与传统银行业务相比,网上银行的优势体现在以下几方面。

1. 大大降低银行的经营成本,有效提高银行的盈利能力

开办网上银行业务,主要利用的是公共网络资源,不需要设置物理的分支机构或营业网点,减少了人员费用,提高了银行后台系统的效率,从而大大降低银行的经营成本,有效提高银行的盈利能力。

2. 无时空限制,有利于扩大客户群体

网上银行业务打破了传统银行业务的地域、时间限制,具有 3A 特点,即能在任何时候（Anytime）、任何地方（Anywhere）,以任何方式（Anyhow）为客户提供金融服务,这既有利于吸引和保留优质客户,又能主动扩大客户群,开辟新的利润来源。

3. 有利于服务创新,向客户提供多种类、个性化服务

对于银行来说,服务创新能够为其注入发展的活力,如销售保险、证券和基金等金融产品等业务。若通过银行的线下营业网点来进行服务创新,则难以为客户提供详细的、低成本的信息咨询服务,往往受到较大限制。利用网上银行支付系统,较易满足客户咨询、购买和交易多种金融产品的需求;使客户除办理银行业务外,还可以很方便地进行网上买卖股票、债券等业务,从而能够为客户提供更加合适的个性化金融服务。

3.1.2 网上银行的分类

网上银行在跨境电商中有着非常重要的作用。无论是传统跨境贸易,还是跨境电商,支付都是完成交易的重要环节,不同的是,跨境电商强调支付过程和支付手段的电子化。能否有效地实现支付手段的电子化和网络化是线上交易成败的关键,直接关系到跨境电商的发展前景。网上银行创造的电子货币及独具优势的网上支付功能,为线上支付的实现提供了强有力的支持。作为线上支付的最终执行者,网上银行起着连接买卖双方的纽带作用,网上银行所提供的线上支付服务是跨境电商中最关键的要素和最高层次的服务。网上银行可按照以下不同标准,分为不同类型。

1. 按照有无实体网点分类

按照有无实体网点，网上银行可分为两类。

一类是完全依赖于互联网的无形的电子银行，也称"虚拟银行"。虚拟银行是指没有实际的物理柜台作为支持的网上银行，这种网上银行一般只有一个办公地址，既没有分支机构，也没有营业网点，采用国际互联网等高科技服务手段与客户建立密切的联系，提供全方位的金融服务。

另一类是在现有的传统银行的基础上，利用互联网开展传统的银行业务交易服务网上银行，即传统银行利用互联网为客户提供在线服务，实际上是传统银行服务在互联网上的延伸。这是网上银行存在的主要形式，也是大多数商业银行采取的网上银行发展模式。

2. 按照服务对象分类

按照服务对象，网上银行可分为个人网上银行和企业网上银行两类。

（1）个人网上银行。个人网上银行主要适用于个人和家庭的日常消费支付与转账。客户可以通过个人网上银行服务，完成实时查询、转账、网上支付和汇款业务。个人网上银行服务的出现，标志着银行业务延伸至为个人客户提供金融服务的层面，方便个人生活，真正体现了家庭银行的风采。

（2）企业网上银行。企业网上银行主要针对企业与政府部门等企事业客户。企事业客户可以通过企业网上银行服务实时了解企业财务的运作情况，及时在组织内部调配资金，轻松处理大批量的网上支付和工资发放业务，并可处理信用证相关业务。

3.1.3　网上银行支付与结算的流程

网上银行涵盖了国内、国际各大银行机构。各大银行机构的网上银行支付与结算的流程虽存在部分差别，但总体来说，网上银行支付与结算由以下六个步骤组成。

第一步：客户接入互联网，通过浏览器在网上浏览商品、选择货物、填写网络订单、选择应用的网络支付与结算工具，并且得到银行的授权使用，如银行卡、电子钱包、电子现金、电子支票或网上银行账号等。

第二步：客户机对相关订单信息如支付信息进行加密，在网上提交订单。

第三步：商家服务器对客户的订购信息进行检查、确认，并把相关的、经过加密的客户支付与结算信息转发给支付网关，由银行专用网上银行后台业务服务器进行确认，待通过银行等电子货币发行机构的验证后，得到支付资金的授权。

第四步：银行验证确认后，通过建立起来的加密通信通道，经由支付网关给商家服务器回送确认信息，同时为进一步保证账户安全，给客户回送支付与结算授权请求。

第五步：银行得到客户传来的进一步授权支付与结算的信息后，把资金从客户账户转拨至开展电子商务的商家账户中，借助金融专用网进行支付与结算，并分别给商家、客户发送支付与结算成功信息。

第六步：商家服务器收到银行发来的支付与结算成功信息后，给客户发送网络付款成功信息和发货通知。至此，一次典型的网上银行支付与结算的流程结束。商家和客户可以分别借助网上银行查询自己的资金余额信息，以进一步核对。

由于跨境电商支付与结算和国内电商支付与结算，在商品交易的区域范围上存在差异，因此二者在使用网上银行支付与结算的流程上也存在部分差异。下面以中国银行网上银行跨境支付为例来说明网上银行的跨境电商支付与结算的流程。

1. 中国银行跨境支付购汇

业务背景（进口贸易）：某企业因自身规模的扩大，对生产原材料的需求量加大，同时需要升级换代生产设备，提高产能，因此打算从境外市场采购廉价的原材料和应用最新技术的专业设备。中国银行根据该企业开展进口贸易的需要，提供全面、高效的配套金融产品和综合解决方案。

针对以上进口贸易的业务背景，中国银行网上银行的支付业务流程如表3-1所示。

表3-1 中国银行网上银行的支付业务流程

交易流程	企业需求	使用的金融产品与服务
寻找交易对手并签署合同	a. 甄选交易对手，获取交易对手所在国信息，评估国别风险、商业风险与法律风险，防范信用风险	资信调查
	b. 提升国际信誉，通过谈判确定较为有利的结算方式，加速货物资金周转，减少资金占压	授信额度、保函通知、代审保函、转开保函
资金备付	在自由资金不足的情况下获得银行的信用支持及资金融通，减少资金占压	现汇贷款、授信开立信用证、跨境人民币信用证、进口双保理、通易达、付款保函、租赁保函、创新信用保险方案
货物运输	避免在运输过程中遭受损失	货物运输保险、提货担保、海事调查
贸易单据到单	a. 对单据表面真实性进行审核，确认交易对手的履约情况	信用证来单、进口代收
	b. 简化通关手续，降低运营成本	融货达、融货达存仓货物保险
	c. 提货前获得短期资金融通，提高资金周转效率	加工贸易保证金台账、加工贸易税款保付保函、关税保函、ATA单证册保函、网上支付税费担保

续表

交易流程	企业需求	使用的金融产品与服务
付款	a.以最优的价格兑换用于支付的外币资金，确保资金支付安全	即期售汇、远期售汇、汇出汇款、跨境人民币汇款
	b.减少资金占压，获得银行的信用支持，提高资金周转效率	现汇贷款、授信额度、进口押汇、汇出汇款融资
	c.获得海外低成本资金融通，提升营运收益	海外代付、代付达、协议付款、跨境人民币联动产品（包括人民币海外代付、人民币协议付款、人民币代付达）
	d.通过融资和资金产品组合，规避汇率风险，节约运营成本	付款汇利达、跨境汇利达、跨境人民币汇利达产品创新保险方案

在表 3-1 所列举的中国银行网上银行支付业务流程中，第五步交易流程包含了跨境支付业务。接下来以中国银行手机 App 实操为例，介绍整个业务流程的"付款"环节。

第一步，打开中国银行手机 App，设置好用户名及密码，点击"跨境汇款"按钮，如图 3-1 所示。

图 3-1 登录中国银行手机 App，点击"跨境汇款"按钮

第二步，进入"跨境汇款"页面后，选择"外币跨境汇款"选项。根据收款银行的信息，选择对应的汇款：向"境外中行"汇款或向"境外他行"汇款。根据中行最新收费标准，汇往境外的中国银行将享受五折甚至免收汇款手续费待遇（此处以向"境外中行"汇款为例），如图3-2所示。

图3-2 进入"跨境汇款"页面后，选择"外币跨境汇款"选项，点击"境外中行"按钮

第三步，进入向"境外中行"汇款页面后，在弹出的页面中填写"收付款人信息"，如图3-3～图3-5所示。

第四步，"收付款人信息"填写完毕后，点击"下一步"按钮，确认交易信息，如图3-6所示。

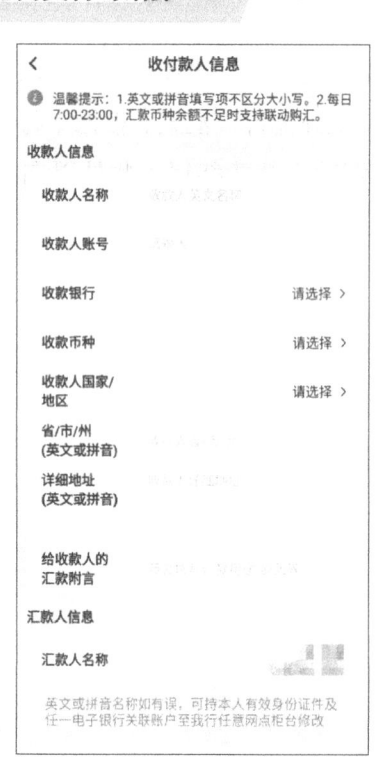

图 3-3 在弹出的页面填写"收付款人信息"

图 3-4 选择收款人所在的国家/地区

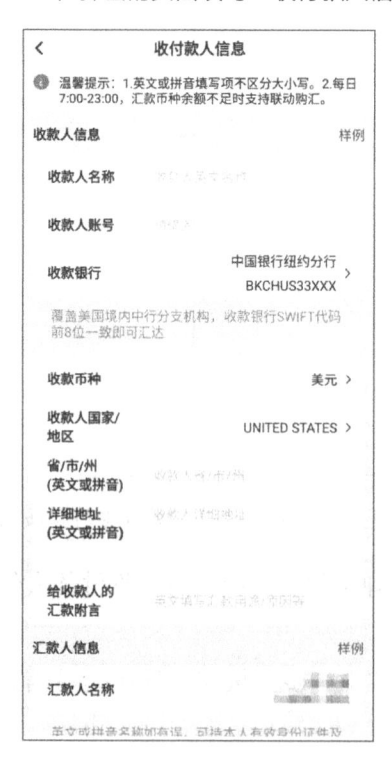

图 3-5 填写"收款人名称""收款人账号"等信息

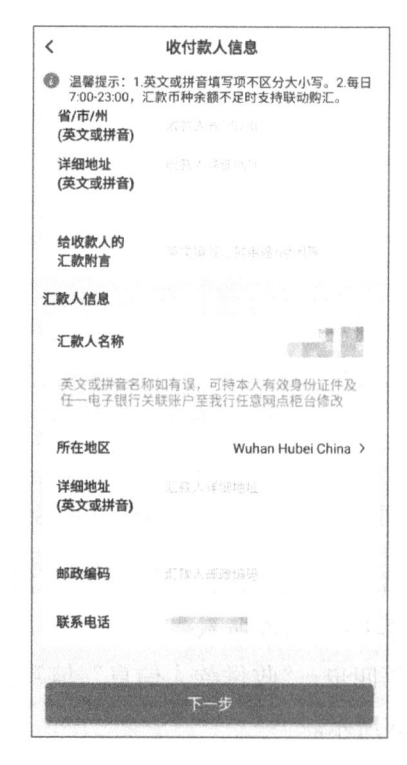

图 3-6 点击"下一步"按钮之后，确认交易信息

第 3 章　线上支付与结算方式

　　第五步，如果已经购买了外汇或账上有外币存款（现汇非现钞），那么汇款人便可以直接填写汇款信息。如果网银账户上只有人民币，则要先进行购汇。需要注意的是，购汇前必须根据实际情况填写"个人购汇申请书"，购汇成功后方可继续汇款。具体购汇流程如下。

　　（1）在中国银行手机 App 首页点击"结汇购汇"按钮，如图 3-7 所示。
　　（2）点击"结汇购汇"按钮后，在弹出的页面点击"购汇"按钮，如图 3-8 所示。

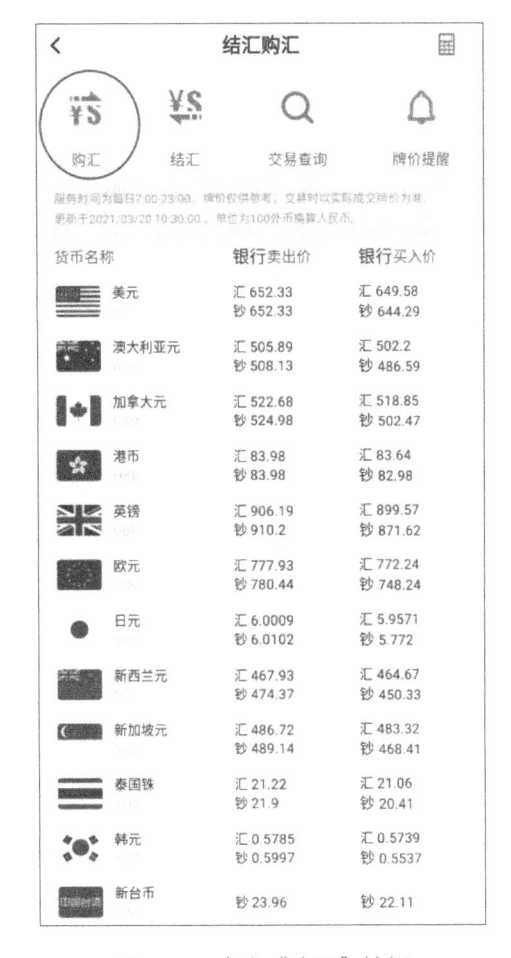

图 3-7　点击"结汇购汇"按钮　　　　图 3-8　点击"购汇"按钮

　　（3）阅读"个人购汇申请书"，如图 3-9 所示。
　　（4）选择购汇的"币种""钞汇""购汇用途"等信息，如图 3-10～图 3-14 所示。

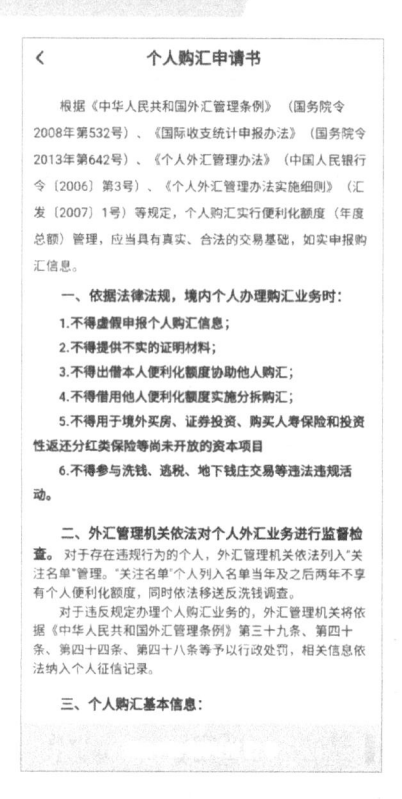

图 3-9　在弹出的页面阅读"个人购汇申请书"　　图 3-10　"购汇"信息填写

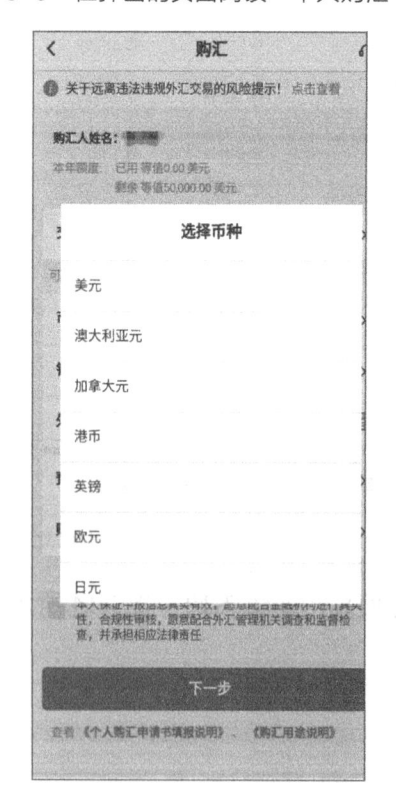

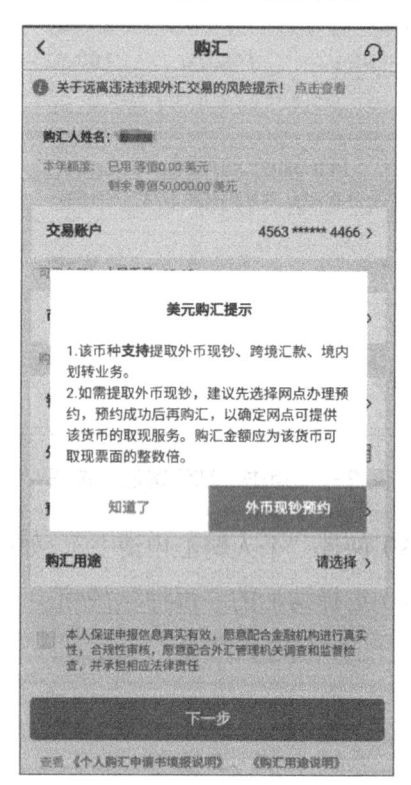

图 3-11　选择"币种",点击"美元"按钮　　图 3-12　阅读"美元购汇提示",点击"知道了"按钮

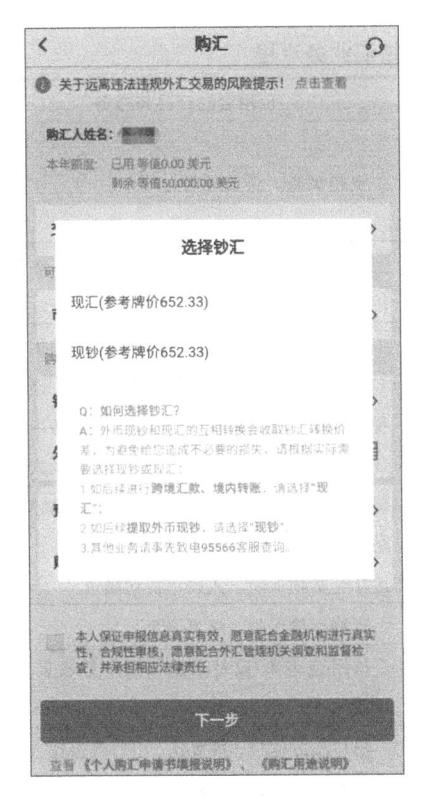

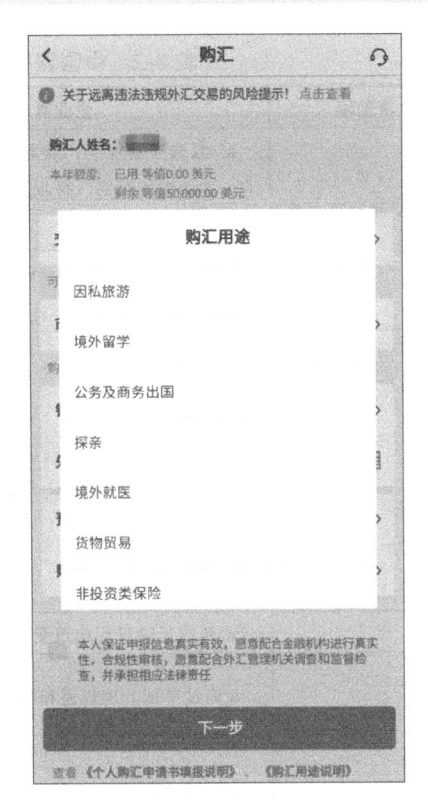

图 3-13　根据窗口提示,"选择钞汇"　　图 3-14　选择"购汇用途",点击"贸易货物"按钮

（5）信息填写完毕,点击"下一步"按钮,购汇完成。

受外汇市场上供求关系及货币币值的影响,各国的通货膨胀率的高低也决定外汇价格的高低。若本币升值,外汇价格则下降;反之,本币贬值,外汇价格升高,因此外汇价格存在差价。客户在使用网上银行进行跨境电商支付与结算时,应尽量避免使用外币现金存入银行账户后汇款的方式,否则将会产生外汇价差。所以,用户在利用网上银行进行跨境电商支付与结算时,应使用账户中的人民币购买外汇现汇再进行汇款。

第六步,购汇完成之后,所有信息录入完毕,检查收款人的名称、账号、地址、金额,系统提示选择安全工具后进行再次确认,验证安全工具后,款项划出,完成整个网上银行支付与结算的流程。

2. 中国银行跨境收入结汇

业务背景（出口贸易）：某大型成套设备生产企业经过几年的发展,已经在国内市场站稳脚跟,经研究后打算进一步扩大经营范围,尝试在国际市场上打开产品销路,大力拓展国际市场空间,通过"走出去"实现企业"做大做强"的目标。中国银行根据该企业的需要,为该企业的出口贸易提供全方位的金融服务解决方案。

针对以上出口贸易的业务背景,中国银行网上银行的收入结汇流程如表 3-2 所示。

表3-2　中国银行网上银行的收入结汇业务流程

交易流程	企业需求	使用金融产品与服务
寻找交易对手并签署合同	a.甄选交易对手，获取交易对手所在国信息，评估国别风险、商业风险与法律风险，防范信用风险	资信调查、资信证明
	b.提升国际信誉，通过谈判确定较为有利的结算方式，加速资金周转，减少资金占压	出口全益达、投标保函、履约保函、备用信用证
备货	获得银行的授信支持，确保有充足的资金采购原材料、生产和备货，减少资金占压	现汇贷款、授信额度、打包贷款、信用证通知、信用证保兑、跨境人民币信用证、出口退税托管账户质押融资、预付款保函、备用信用证、加工贸易保证金台账、加工贸易税款保付保函、关税保函、供应链产品（包括融信达、融易达、融货达、通易达、订单融资）、融货达存仓货物保险、人民币协议融资
运输	避免在运输过程中遭受损失	货物运输保险、海事调查
交单	a.通过单据处理规避和防范信用风险	信用证审单/议付、出口跟单托收、光票托收
	b.获得银行资金融通、加快资金回笼，提高资金使用效率，降低市场风险、汇率风险等	出口买方信贷、福费廷、出口双保理、出口商业发票贴现、出口押汇、出口贴现、买入票据、国际组织担保项下贸易金融、融信达、人民币协议融资
	c.改善现金流量，优化企业财务报表，降低财务成本	
收款	a.确保收款安全和效率，以最优价格将外币资金兑换成人民币	汇入汇款、跨境人民币汇款、即期结汇、远期结汇
	b.获得银行的信用支持，减少资金占压，管理应收账款，控制信用风险；获得坏账担保，采取有效措施催收坏账	出口双保理、出口商业发票贴现、进口双保理、融付达、质量/维修保函、预留金保函、备用信用证、创新信用保险方案
	c.获得海外低成本资金融通，提升营运收益	人民币协议融资
	d.通过融资和资金产品组合，规避汇率风险，节约运营成本	出口汇利达

在表3-2所列举的中国银行网上银行收入结汇业务流程中，第五步交易流程包括了跨境收款业务。接下来以中国银行手机App实操为例，介绍整个业务流程的"收款"环节。

第一步，打开中国银行手机App，设置好用户名及密码，点击"跨境收款"按钮，如图3-15所示。

第二步，进入"跨境收款"页面后，选择收款方式，如图3-16所示。

第 3 章 线上支付与结算方式

图 3-15 登录中国银行手机 App，首页点击"跨境收款"按钮

图 3-16 进入"跨境收款"页面后，选择收款方式，以"西联汇款"为例

第三步，进入"收取西联汇款"页面后，"选择收款币种"，填写"汇款解付确认码"，如图 3-17～图 3-19 所示。

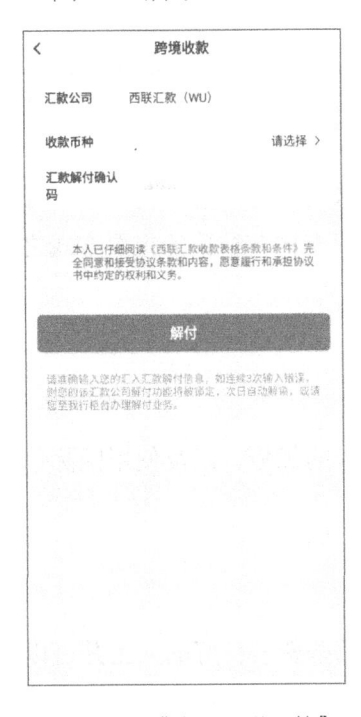

图 3-17 进入"收取西联汇款"页面

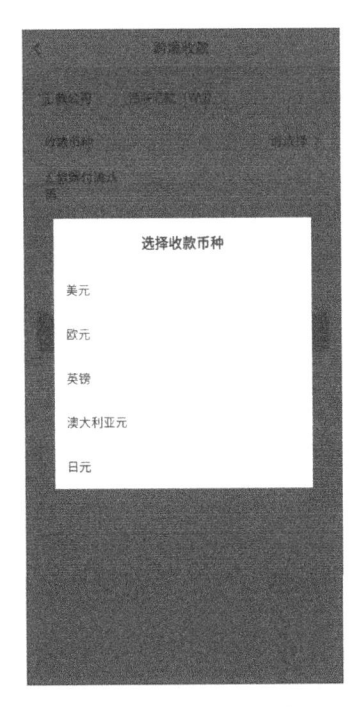

图 3-18 选择收款币种

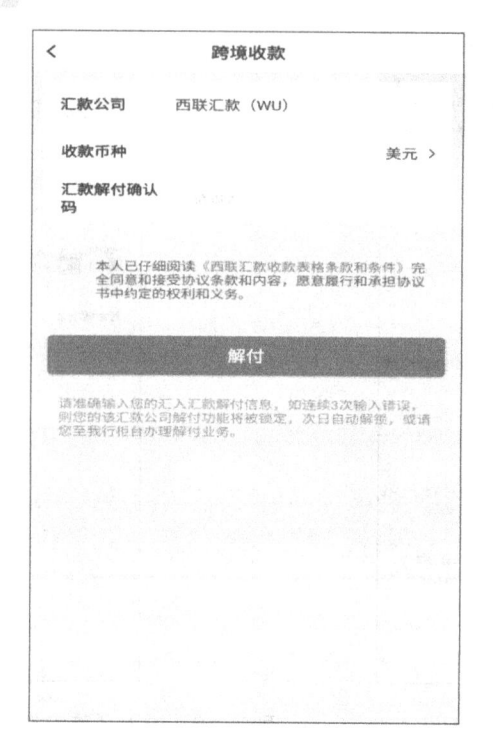

图 3-19 填写"汇款解付确认码"

第四步，点击"解付"按钮，完成收款，等待资金到账，完成整个网上银行跨境收款流程。

3.2 国际信用卡支付

随着金融业的发展和支付环境的改善，现在越来越多的人持有信用卡。在跨境电商快速发展的大背景下，国际信用卡开始成为跨境电商支付与结算的主要方式之一。本节将介绍国际信用卡支付。

3.2.1 国际信用卡简述

本节先介绍国际信用卡的基本定义、国际信用卡的优势，以及使用国际信用卡的注意事项，最后介绍六大国际信用卡组织。

1. 国际信用卡的基本定义

国际信用卡是银行联合国际信用卡组织签发给那些资信良好的人士并可以在全球范围内进行透支消费的卡片，同时该卡也被用于在国际网络上确认用户的身份。根据中国人民银行发布的数据，截至 2020 年第三季度末，全国发行的信用卡、借贷合一卡总数为 7.66 亿张，人均持有信用卡、借贷合一卡 0.55 张，银行卡授信总额为 18.59 万亿元，卡平均信用额度为 24 300 元，信用利用率为 41.78%。从市场份额来看，VISA 卡和 MasterCard 占据了超过 85%的全球银行卡交易份额，处于绝对的主导地位。

国际信用卡组织的会员（银行）发行的卡在该组织的特约商家都可以签账，这种卡都称为国际卡。那么如何识别持卡人所持有的信用卡是否为国际信用卡呢？如果持卡人所持有的信用卡上含有 VISA、MasterCard 等标志，则其持有的信用卡是国际信用卡。随着中国银联的发展，目前持卡人持有银联卡已经能在世界上很多国家和地区刷卡了，因此银联卡也属于国际信用卡。

通常，国际信用卡将美元作为支付结算货币，国际信用卡可以进行透支消费，国际上比较常见的信用卡品牌主要有 VISA、MasterCard 等，国内的各大商业银行也均开办了国际信用卡业务，有跨境电商支付与结算需求的客户可以很方便地在银行柜台办理申请信用卡的手续。国际信用卡主要用于消费，因此国际信用卡内的存款没有利息。

2．国际信用卡的优势

国际信用卡能够帮助商家接受来自世界各地客户的信用卡和借记卡付款，全面支持 VISA 卡、MasterCard、JCB 卡等国际卡，其优势主要体现在安全、快速、简单这三个方面。

1）安全

国际信用卡拥有强大的信用卡交易防欺诈系统，能够最大化地降低伪冒和未授权交易比例。用户支付成功即完成人民币汇率转换，无须担心汇率风险。支付全程采用 SSL（安全套接层协议）/TLS（安全传输层协议）加密传输和敏感数据签名验证，更加提高了对于安全风险的防控。

2）快速

国际信用卡是首个基于亚马逊云计算服务（Amazon Web Service，AWS）的支付平台，数据中心分布在多地，支付请求无延迟。在妥投结算方面，商家可以控制妥投时间进行最快速结算，小包可提前部分结算。国际信用卡提供专属客服、销售经理、技术支持服务，在服务方面不断升级，客户提出的问题反馈即受理。

3）简单

在操作方面，国际信用卡支持整合式卡号输入，支持 VISA 卡、MasterCard、JCB 卡等卡类型，在国际信用卡的支付页面可选择全球近 20 种语言，同时还可根据持卡人的操作环境自动选择语言。国际信用卡具备简洁、优雅的商户管理系统，更易用、更舒心。在客户使用国际信用卡支付时，国际信用卡能为持卡人提供内嵌支付解决方案，客户支付时不需要离开购物网站，从而能够避免支付环节丢单。

3. 使用国际信用卡的注意事项

1）调整信用卡的额度

通常情况下，发卡行授予的信用卡额度比较大，信用卡丢失可能会造成很多不必要的损失，此时客户可以手动调整信用卡的限额。比如，对于招商银行发行的国际信用卡，可利用招行网上银行专业版中的"信用卡额度调整"设置限额。调整信用卡的消费额度能将消费的金额数量控制在设定限额之内，从而将风险降低，若客户需要更大的额度时也可手动修改，提高信用卡的消费额度。

2）信用卡的 ATM 取款功能

使用国际信用卡在 ATM 取款的利息较高，一旦信用卡失窃还会带来更多风险，因此客户应当谨慎选择是否开启或关闭 ATM 取款功能。

3）签名与密码的安全性

将签名作为信用卡的消费凭证是国际银行业的"主流"。从安全性角度来讲，这种信用卡不用设密码，仅凭签字就可消费，尤其是通过网上银行消费时，一般只要知道持卡人姓名、卡号、信用卡到期日及查询密码，信用卡就有可能被盗用，因此从这一角度看，密码比签名更安全。但使用密码也有其劣势：使用密码支付时，保管密码的责任转嫁给了持卡人，这也意味着"损失自负"。一旦发生信用卡被盗用的事件，使用签名的持卡人的权益往往能得到更好的保护和补偿。

4）信用卡丢失或被盗

人们在申请信用卡前应该先了解银行的信用卡风险条款，避免申请一些高风险银行的信用卡。这些银行通常将信用卡风险转嫁给持卡人，将信用卡丢失、被盗后的损失交由持卡人承担。一般来说，信誉较好的银行会承诺承担挂失前 48 小时内的被盗损失。

因此，一旦用户发现卡片丢失、被盗等情况应该立即联系银行挂失。以招商银行的信用卡为例，招商银行信用卡丢失或被盗后，以挂失时间为起算点，之前 48 小时内发生的被盗刷的损失，都可以向招行申请补偿，招行承担信用额度内被盗刷的损失，普卡每年最高保障人民币 10 000 元，金卡每年最高保障人民币 20 000 元。为了保护用户与银行双方的利益，招商银行承担的损失不包括凭密码进行的交易。

4. 国际信用卡组织

国际上有六大信用卡组织，分别是威士国际组织（VISA International）、万事达卡国际组织（MasterCard International）两大组织，以及美国运通国际股份有限公司（American

Express)、中国银联股份有限公司（简称中国银联）、大来信用卡有限公司（Diners Club）、日本国际信用卡公司（JCB）四家专业信用卡公司。

1）威士国际组织

威士国际组织是全球支付技术公司，运营着全球最大的零售电子支付网络，连接着全世界200多个国家和地区的消费者、企业、金融机构和政府，促使人们更方便地使用数字货币，从而代替现金或支票。威士国际组织的前身是1900年成立的美洲银行信用卡公司。1974年，美洲银行信用卡公司与西方国家的一些商业银行合作，成立了国际信用卡服务公司，并于1977年正式改为威士国际组织，成为全球性的信用卡联合组织。威士国际组织拥有VISA、ELECTRON、INTERLINK、PLUS及VISA CASH等品牌商标。截至2015年9月30日，全球有多达25亿张活跃使用的VISA卡，威士国际组织通过支付将世界各地的人联系起来。2016年，威士国际组织完成了对Visa Europe的收购。

威士国际组织积极研发、推广各项数字货币产品，如信用卡、借记卡、预付费卡等，通过快速、安全和可靠的数字货币连接着遍布全世界的消费者、企业、金融机构和政府。支撑数字货币不断向前发展的有VisaNet，它是一个每秒可以处理20 000多笔交易信息的全球最先进的数据处理网络之一。同时，VisaNet还能保护消费者免受欺诈，并确保商家得到付款。威士国际组织不是银行，既不直接向消费者发卡，也不向他们授信或设定利率和手续费。但是，威士国际组织的各种创新却能让金融机构为消费者提供多种支付选择，包括用于即时支付的借记卡、提前支付的预付费卡或事后支付的信用卡产品等。

2）国际组织

万事达卡国际组织是全球第二大信用卡国际组织。1966年美国加州的一些银行成立了银行卡协会（Interbank Card Association），并于1970年启用MasterCharge的名称及标志，统一了各会员银行发行的信用卡名称和设计，1978年更名为MasterCard。MasterCard国际组织拥有MasterCard、Maestro、Mondex、Cirrus等品牌商标。万事达卡国际组织本身并不直接发卡，MasterCard品牌的信用卡是由参加万事达卡国际组织的会员金融机构发行的。

万事达卡国际组织拥有全球最快的支付处理网络，紧密联结超过210个地区和地区的消费者、金融机构、商家、政府和企业。2013—2015年，万事达卡国际组织推出万事通（MasterPass）电子支付平台，与eServGlobal和Bics成立合资公司HomeSend，并收购了Provus、C-SAM、Pinpoint及5One等公司。2016年，万事达卡国际组织升级万事通电子支付平台、更新品牌标识、并宣布收购Vocalink。2017年，万事达卡国际组织并购了生物识别及行为分析公司NuData Security，且完成了对Vocalink的收购。

3）美国运通国际股份有限公司

美国运通国际股份有限公司自1958年发行第一张运通卡以来，以"信任、安全和服务"为品牌精神,服务网络遍及全球 130 多个国家和地区,是深受全球消费者和各类商务客户青睐的金融服务品牌。成立于 1850 年的美国运通国际股份有限公司,其最初的业务是提供快递服务。随着业务的不断发展,美国运通国际股份有限公司于 1891 年率先推出了旅行支票,主要面向经常旅行的高端客户。可以说,美国运通国际股份有限公司服务于高端客户的历史长达百年,积累了丰富的服务经验和庞大的优质客户群体。

4)中国银联股份有限公司

第三方支付平台出现之前,我国国内进行跨境支付的支付机构主要是中国银联。中国银联是经中国人民银行批准的、由 80 多家国内金融机构共同发起设立的股份制金融服务机构,注册资本为 16.5 亿元人民币。中国银联成立于 2002 年 3 月 26 日,总部设在上海。中国银联凭借强大的国内银行网络,发展境外刷卡及跨境网购、外贸 B2B 业务。通过与全球 2400 多家机构合作,目前银联卡全球受理网络已延伸到 180 个国家和地区,70 个国家和地区发行了银联卡。银联国际正在为全球银联卡的持卡人提供优质、高效、安全的跨境支付服务,并为越来越多的境外银联卡的持卡人提供日益便利的本地化服务。

5)大来信用卡有限公司

大来信用卡有限公司于 1950 年由创业者 Frank MC Mamaca 创办。大来卡是第一种塑料付款卡,最终发展成为一种国际通用的信用卡。1981 年,美国最大的零售银行——花旗银行控股的花旗公司接受了大来卡。大来信用卡有限公司的主要优势在于它在尚未被开发的地区增加大来卡的销售额,并且巩固该公司在信用卡市场中所保持的强有力的位置。该公司通过大来现金兑换网络与 ATM 网络之间形成互惠协议,从而集中加强了其在国际市场上的地位。

6)日本国际信用卡公司

1961 年,日本国际信用卡公司作为日本第一个专门的信用卡公司宣告成立。此后,它一直以大公司的姿态发展至今。在亚洲地区,其商标是独一无二的。其业务范围遍及世界各地 190 多个国家和地区。JCB 卡的种类成为世界之最,达 5000 多种。日本国际信用卡公司的国际战略主要瞄准了工作、生活在国外的日本实业家和女性。为确立国际地位,日本国际信用卡公司也对日本、美国和欧洲等地区的商家实现优先服务计划,并将其列入 JCB 卡的持卡人的特殊旅游指南中。

3.2.2 国际信用卡的分类

国际信用卡是银行联合六大国际信用卡组织发行的具备跨境支付功能的卡。本节主要介绍国际信用卡的分类。

1. 基本分类

根据信用卡国际组织的不同,银行发行的国际信用卡也按以上分类分为六大类:VISA 卡、MasterCard、美国运通卡、大来卡、JCB 卡、银联卡。下面主要介绍前五种。

1)VISA 卡

VISA 卡(见图 3-20)也称维萨卡、维信卡、汇财卡,是一个信用卡品牌。VISA 卡是威士国际组织于 1982 年年末开始发行的信用卡,可在世界各地 2900 多万个交易点受理,并能够在 180 多万台 ATM 上提取现金。

图 3-20　VISA 卡

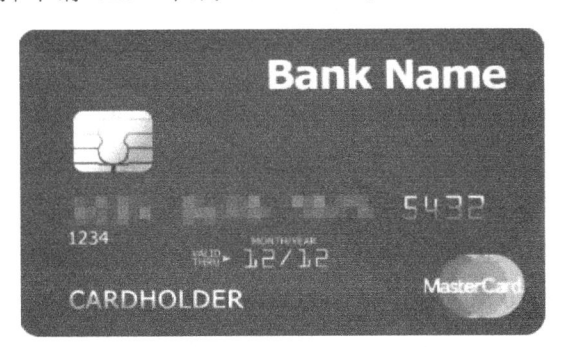

2)MasterCard

MasterCard(见图 3-21)和 VISA 卡在全球范围构建了一个刷卡消费的联盟,国内银行与其合作以后,国内银行发行的信用卡就能在其联盟范围内刷卡消费。人们可以在申请信用卡的时候选择申请 VISA 卡或 MasterCard。

图 3-21　MasterCard

3)美国运通卡

美国运通卡(见图 3-22)服务于高端客户的历史长达百年,积累了丰富的服务经验和庞大的优质客户群体。目前在我国发行的主要有工行牡丹运通卡、招行运通卡、中信美国运通卡、长城美国运通卡、民生运通卡。

图 3-22　美国运通卡

4）大来卡

大来信用卡有限公司通过优质合作伙伴为客户提供旅游服务，为个人和家庭提供独特、广泛的生活方式。大来卡可在 POS 机、ATM、网站和各种数字平台（如 SnapScan 和 MasterPass）使用，通过会员里程给予客户奖励。大来卡的持卡人能够免费进行面对面的交付，享受 55 天免息信贷、免费附加卡、实时交易更新和通知，其信用卡最低还款率仅为 3%。

图 3-23　大来卡

5）JCB 卡

JCB 卡（见图 3-24）是世界通用的国际信用卡。此种信用卡是日本三和银行、日本信贩银行、三井银行、协和银行、大和银行于 1961 年联合发行的信用卡。目前，JCB 卡已经通行于 190 个国家和地区，更在海外设有约 30 个分支机构和代理机构，全世界业务协作机构的数量已经超过 350 家。日本国际信用卡公司特别重视中国、韩国等国家和地区的市场，中国已有 10 家银行发行了 JCB 卡。

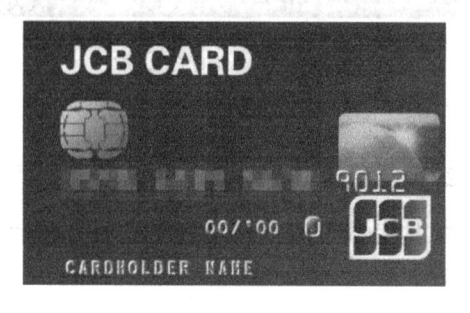

图 3-24　JCB 卡

2. 国内银行发行的国际信用卡

随着世界经济和金融行业的不断发展，我国国内各大银行联合各大国际信用卡组织发行了众多不同类型的国际信用卡。接下来主要介绍国内主要银行联合国际信用卡组织发行的国际信用卡。

1）工行牡丹国际信用卡

工行牡丹国际信用卡的支持卡内同时开立人民币账户和外币（美元或港币）账户，用户除了可在国内刷卡消费、在工行全国营业网点或银联 ATM 上存取现金和查询，还可在 VISA 卡、MasterCard 或美国运通卡指定商家及有其标志的 ATM 上使用或提取当地货币，享受国际信用卡组织的优惠汇率，减少外币兑换的损失和麻烦。

人民币账户和外币（美元或港币）账户各自拥有授信额度，互不影响。此外，美元账户可在国外网站消费购物，工行牡丹国际信用卡独有的网络交易开关功能充分保障用户的用卡安全。

2）农行金穗贷记卡双币种卡

农行金穗贷记卡双币种卡（见图 3-25）是 VISA 卡和 MasterCard。另外，特色卡种有金穗白金卡、金穗国际旅行卡、万事达海航联名卡等。农行金穗贷记卡双币种卡内设人民币和美元两个账户，两个账户共享一个信用额度。境外非银联 POS 消费、境外 ATM 取现使用的是美元账户，消费不收取手续费，取现按交易金额的 3%（最低 3 美元）收取手续费。如果当地货币为非美元币种，则需要加收国际结算费：VISA 卡为交易金额的 1%，MasterCard 为交易金额的 1.1%。

图 3-25 农行金穗贷记卡双币种卡

3）中银长城国际卡

中银长城国际卡（见图 3-26）是一款符合国际标准的芯片（EMV）信用卡，有美元卡、港币卡、欧元卡和英镑卡供选择。中银长城国际卡既可以在全球 200 多个国家和地区的 2900 多万家 VISA 卡或 MasterCard 的特约商家消费，也可以在会员银行办理取现业务，还可以在全球标有"PLUS"或"CIRRUS"标志的 ATM 上提款使用。相关费用可以在网上支付。

图 3-26　中银长城国际卡

3.2.3　国际信用卡支付与结算的流程

国际信用卡收款是出口跨境电商网站或网店必备的一种收款方式，同时也是国际主流支付方式之一，很好地解决了国际收付难题且不受外汇管制，是商家拓展市场的一种有效方式。尤其是在欧美地区，几乎每位成年人都拥有 1~2 张信用卡，在他们的日常生活中，信用卡消费深受喜爱，他们习惯并依赖于使用信用卡付款。

跨境消费者若持有 VISA 卡、MasterCard 或 JCB 卡等国际信用卡，同时商家已经接入信用卡在线支付通道，那么消费者只需要拥有一张国际信用卡就可以完成实时在线付款，安全、便捷、省心。总体来说，其支付与结算流程如下。

第一步，买卖双方达成合作并确定使用信用卡进行支付。买方点击付款，填写消费者卡片相关信息（如卡号、姓名、CVV、有效期等，确保与本人信息相符）。

第二步，提交支付请求到合作公司的支付网关。收款通道收到付款请求后，进行风控评估，并反馈相关结果（如邮件通知消费者在××网站，购买××产品，金额等）。

第三步，支付通道在评估无风险、确认可支付后，将扣款请求和相关信息抛送给收单银行，收单行再次进行确认并将其提交给发卡行申请扣款请求。

第四步，发卡行通过国际信用卡组织评估，并对某笔交易实时扣款，反馈相关结果。商家主要通过支付通道后台查看商家是否需要进行发货。订单显示成功，商家即可安排发货。

第五步，妥投结算。一般来说，信用卡付款渠道最终都是需要进行妥投结算的。商家根据消费者填写的地址发货，待消费者签收后，及时到支付后台进行订单上传。商家根据消费者填写的地址发货后，整个支付过程结束。消费者支付的款项直接到达支付公司合作的收单银行，银行会有专业的风控体系进行保护和管理。等到支付公司结算日，支付公司会根据交易信息对支付通道进行结算，支付通道再按收单行明细给商家划款。

在结算方面，支付公司会与国际信用卡组织、收单银行进行合作，除收单行的风控体系外，支付公司也会建立自己的完善的风控体系，确保商家收进的每一分钱都是安全的，能够最大限度地降低、避免风险交易。支付宝是人们目前较为常用的支付公司，接下来以支付宝为例，来说明通过支付宝使用国际信用卡的基本流程。

第一步，进入支付宝网页端国际收银台后，可以在左上角自由切换版本（大陆版、香港版、台湾版、海外其他地区版），以海外其他地区用户跨境购买中国商品为例，然后选择"国际信用卡"选项，输入卡号，点击"下一步"按钮，如图3-27、图3-28所示。

图3-27 在支付宝"我的收银台"页面选择"海外其他地区版"选项

图3-28 选择"国际信用卡"选项，输入卡号，点击"下一步/CONTINUE"按钮

第二步，进入到支付信息输入页面，填写相关信息，点击"确认付款"按钮，如图 3-29 所示。

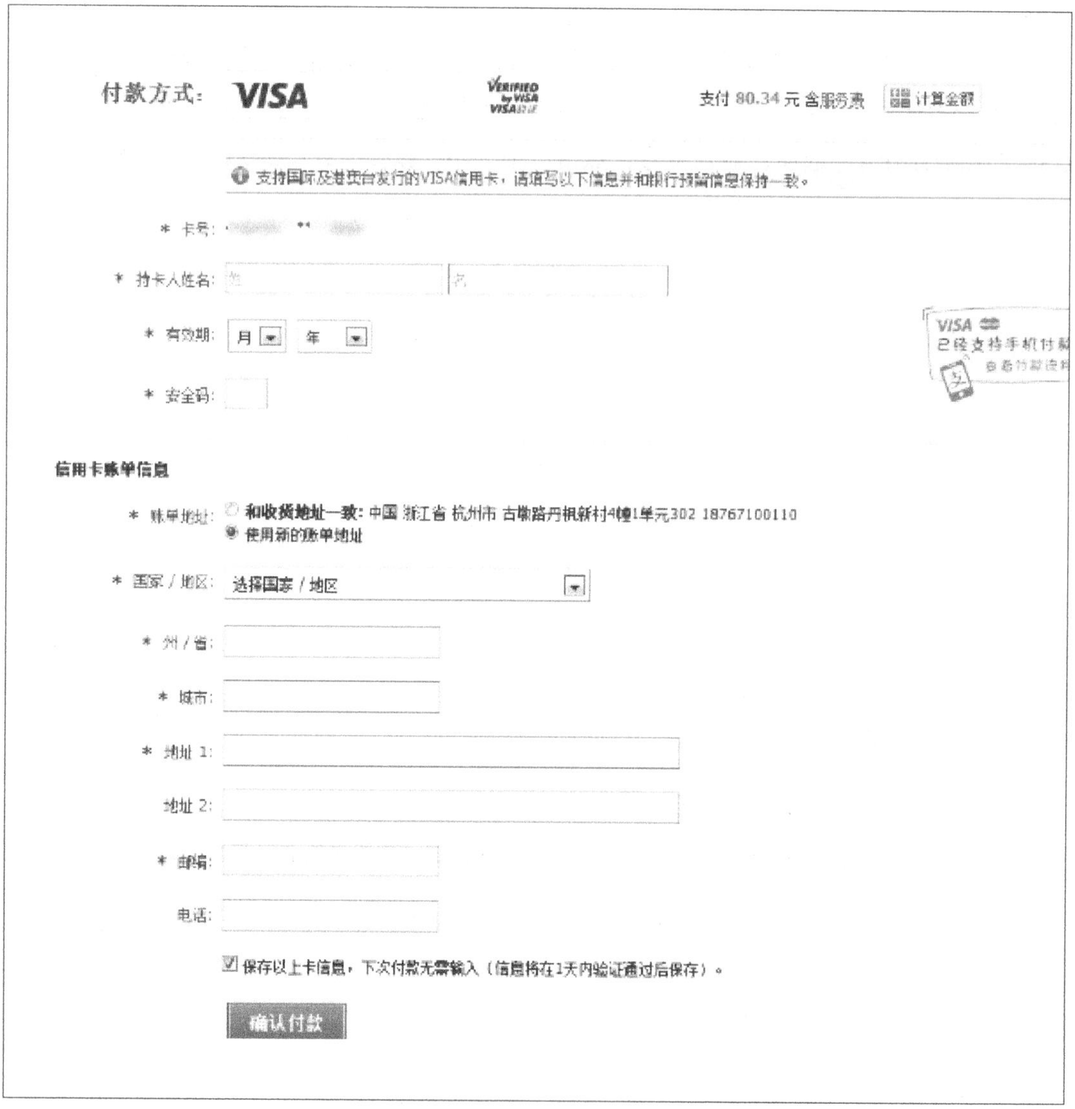

图 3-29 填写支付信息，点击"确认付款"按钮

第三步，如果持卡人已经申请了发卡行 3D 验证服务，且发卡行需要验证用户的 3D 服务密码，则需要输入 3D 验证码；否则，跳过本步骤，直接显示支付结果，此次通过支付宝使用国际信用卡支付的过程结束，如图 3-30 所示。

第四步，支付过程结束之后，支付公司在其结算日根据交易信息对支付通道进行结算，支付通道再按收单行明细给商家划款，整个支付与结算流程结束。

图 3-30　验证 3D 服务密码

3.3　第三方支付

本章的前两节分别介绍了网上银行支付和国际信用卡支付这两种线上支付与结算方式及其操作的一般流程。第三方支付方式的兴起与发展给境内贸易及跨境电商支付与结算带来了便利，因此本节将介绍第三方支付。

3.3.1　第三方支付简述

本节从第三方支付的基本定义、第三方支付的由来、第三方支付的特点，以及第三方支付的优缺点来介绍第三方支付。

1. 第三方支付的基本定义

第三方支付是指具备一定实力和信誉保障的独立机构，通过与中国银联或网联清算有限公司（简称网联）对接而促成交易双方进行交易的网络支付模式。在第三方支付模式下，买方选购商品后，使用第三方平台提供的账户进行货款支付（支付给第三方），并由第三方通知卖方货款到账、要求发货；买方收到货物之后检验货物并进行确认后，通知第三方付款；第三方再将款项转至卖方账户。

2. 第三方支付的由来

按支付程序分类，跨境结算方式可分为一步支付方式和分步支付方式，前者包括现金结算、票据结算（如支票、本票、银行汇票、承兑汇票）、汇转结算（如电汇、网上支付），后者包括信用证结算、保函结算、第三方支付结算。

在社会经济活动中，结算属于贸易范畴。贸易的核心是交换。交换是交付标的与支付货币两大对立流程的统一。在自由平等的正常主体之间，交换遵循的原则是等价和同步。同步交换即交货与付款互为条件，是等价交换的保证。

传统的支付方式往往是简单的即时性直接付转，一步支付。其中，现金结算和票据结算适配当面现货交易，可实现同步交换；汇转结算中的电汇及网上支付也是一步支付，适配隔面现货交易，但若无信用保障或法律支持，会导致异步交换，容易引发非等价交换风险——现实中买方先付款后不能按时、按质、按量收获标的，或者卖方先交货后不能按时、如数收到价款，被拖延、折扣或拒付等引发经济纠纷的事件时有发生。

在现实的有形市场中，异步交换可以附加信用保障或法律支持来进行，而在虚拟的无形市场中，交易双方互不认识、不知根底，故此，支付问题曾经成为电商尤其是跨境电商发展的瓶颈之一——卖方不愿先发货，怕货发出后不能收回货款；买方不愿先支付，担心支付后拿不到商品或商品质量得不到保证。博弈的结果是双方都不愿意先冒险，网上购物无法进行。为迎合同步交换的市场需求，第三方支付应运而生。第三方支付机构是买卖双方在缺乏信用保障或法律支持的情况下的资金支付"中间平台"，买方将货款付给买卖双方之外的第三方支付机构，第三方支付机构提供安全交易服务。

在第三方支付发展之初，国家监管力度较弱。随着第三方支付的迅猛发展，从2014年开始，我国出台了相关政策对第三方支付进行规范，如2015年12月出台的《非银行支付机构网络支付业务管理办法》，明确了第三方支付行业只能是中国支付体系的补充。作为非银行支付机构，小额、便捷是其本质，需要做好客户信息安全、资金安全，以及风险防范。2016年开始的互联网金融整治，包含了第三方支付行业，中国人民银行出台了《非银行支付机构分类评级管理办法》。目前，我国第三方支付的监管机构是中国人民银行及其分支机构，按照"属地原则"进行监管，以《非金融机构支付服务管理办法》为政策核心，以人民银行为主导，以行业自律管理、商业银行监督为辅。第三方支付机构分为监管型与非监管型，我国的第三方支付机构大部分以监管型为主。监管型第三方支付机构的运作实质是在收付款人之间设立中间过渡账户，使汇转款项实现可控性停顿，只有双方意见达成一致才能决定资金去向。第三方支付机构提供中介保管及监督的职能，并不承担什么风险，所以确切地说，第三方支付是一种支付托管行为，通过支付托管实现支付保证。

3. 第三方支付的特点

除了网上银行支付、国际信用卡支付等支付方式，还有一种方式也可以相对降低网络支付的风险，那就是正在迅猛发展的利用第三方支付机构进行支付的方式，这种第三方支付机构必须具有一定的诚信度。

在实际的操作过程中，这种第三方支付机构可以是发行信用卡的银行本身。在进行线上支付时，信用卡号及密码信息只在持卡人和银行之间转移，降低了通过商家转移而导致的风险。同样，当第三方支付机构是除银行外的具有良好信誉和技术支持能力的某个机构时，支付也可以通过第三方支付机构在持卡人或客户和银行之间进行。持卡人首先和第三方支付机构以替代银行账号的某种电子数据的形式（如邮件）传递账户信息，避免将银行信息直接透露给商家；也不必登录不同的网上银行界面；另外，其每次登录时，都能看到相对熟悉和简单的第三方支付界面。第三方支付机构与各个主要银行之间又签订有关协议，使得第三方支付机构与银行可以进行某种形式的数据交换和相关信息确认。这样，第三方支付机构就能在持卡人或消费者与各个银行及最终的收款人或商家之间建立一个支付与结算通道。

第三方支付的特点显著。第一，第三方支付机构提供一系列的应用接口程序，将多种银行卡支付方式整合到一个界面上，负责交易结算中与银行的对接，使网上购物更加快捷、便利。消费者和商家不需要在不同的银行开设不同的账户，可以帮助消费者降低网上购物的成本，帮助商家降低运营成本；同时，还可以帮助银行节省网关开发费用，并为银行带来一定的潜在利润。

第二，较之 SSL、SET（安全电子交易协议）等支付协议，利用第三方支付机构进行支付操作更加简单且让人易于接受。SSL 协议是应用比较广泛的安全协议，在 SSL 协议中只需要验证商家的身份。SET 协议是基于信用卡支付系统发展得比较成熟的技术。但在 SET 协议中，各方的身份都需要通过 CA 进行认证，程序复杂，手续繁多，速度慢且实现成本高。而选择第三方支付时，商家和消费者之间的交涉由第三方支付机构来完成，从而使网上交易变得更加简单。

第三，第三方支付机构本身依附于大型的门户网站，且以与其合作的银行的信用为信用依托，因此第三方支付机构能够较好地突破网上交易中的信用问题，有利于推动电商的快速发展。

4. 第三方支付的优缺点

在缺乏有效信用体系的网络交易环境中，第三方支付模式的推出，在一定程度上解决了网上银行支付方式不能对交易双方进行约束和监督、支付方式比较单一，以及在整个交易过程中货物质量、交易诚信、退换要求等方面无法得到可靠的保证和交易欺诈广泛存在等问题。总体来看，第三方支付的优势主要体现在成本优势、竞争优势与创新优势这三个方面。第三方支付机构降低了政府、企业、事业单位直连银行的成本，满足了企业专注发展在线业务的收付要求。第三方支付机构的利益中立，避免了与被服务企业在业务上的竞争。第三方支付机构的个性化服务，使其可以根据被服务企业的市场竞争与业务发展所创新的商业模式，同步定制个性化支付与结算服务。具体来说，其优势主要表现在以下几方面。

首先，对商家而言，通过第三方支付机构可以规避无法收到客户货款的风险，同时能够为客户提供多样化的支付工具，尤其是为无法与银行网关建立接口的中小企业提供了便捷的支付平台。

其次，对客户而言，不但可以规避无法收到货物的风险，而且货物质量也在一定程度上得到了保障，增强了客户网上交易的信心。

最后，对银行而言，通过第三方支付机构，银行可以扩展业务范畴，同时节省为大量中小企业提供网关接口的开发和维护费用。

可见，第三方支付模式有效地保障了交易各方的利益，为整个交易的顺利进行提供了支持。使用第三方支付，用户的信用卡信息或账户信息仅需要告知第三方支付机构，而无须告诉每一个收款人，大大减少了信用卡信息和账户信息失密的风险，安全性得到了保证。同时，第三方支付机构集中了大量的小额电子交易，形成规模效应，因而支付成本较低。对支付者而言，他所面对的是友好的界面，不必考虑其背后复杂的技术操作过程，使用较为方便。

除了以上优势，第三方支付也有其缺点，具体如下。

（1）资金风险问题。

在第三方支付流程中，资金都会在第三方支付机构滞留即出现所谓的资金沉淀，如缺乏有效的流动性管理，则可能存在资金安全和支付风险。同时，第三方支付机构开立支付结算账户，先代收买方的款项，然后付款给卖方，这实际已突破了现有的诸多特许经营的限制，它们可能为非法转移资金和套现提供便利，形成潜在的金融风险。

我国相关监管制度规定，第三方支付机构只能在一家银行开立备付金专用存款账户，且不得另外在其分支机构开设备付金账户；禁止第三方支付机构以任何形式挪用客户备付金，并要求其按照备付金专用账户的利息总额计提风险准备金。因此，我国目前由第三方支付带来的资金风险已有所降低。

（2）信用风险问题。

第三方支付的健康发展取决于第三方支付机构对金融风险的控制，而信用管控体系是风险管理的基础。第三方支付是以信用为媒介的一种交易方式，之所以出现众多风险，主要原因如下。①征信信息化水平低下。我国目前依赖的人工智能的数据收集技术并不完善，通过缺乏深度和广度的数据不能准确评估个人信用水平。② 信用评价机制与审查机制还处于初级发展阶段。

（3）业务革新问题。

由于支付服务客观上提供了金融业务扩展和金融增值服务，其业务范围必须明确并大胆推行革新。相对于单纯的网上支付，移动支付领域将有更大的作为，第三方支付机构能否趁此机遇改进自己的业务模式，将决定第三方支付最终能否走出困境、获得发展。

（4）恶性竞争问题。

第三方支付行业存在损害支付服务甚至会给电商行业的发展带来负面冲击的恶意竞争问题。国内专业的第三方支付机构已经超过40家，而且多数第三方支付机构与银行之间采用纯技术网关接入服务，这种模式容易造成市场严重同质化，也挑起了第三方支付机构之间激烈的价格战，导致这一行业"利润削减快过市场增长"。惯用的价格营销策略让第三方支付机构面临利润被摊薄的风险。

3.3.2 第三方支付的交易流程

基于以上对第三方支付的基本定义、发展由来、特点及优缺点的介绍，本节将介绍第三方支付的交易流程。

总体来看，第三方支付方式将多种银行卡支付方式整合到一个界面上，负责交易结算中与银行的对接，使网上购物更加快捷、便利。在第三方支付的交易流程中，其支付模式使商家看不到客户的信用卡信息，同时避免了信用卡信息在网络上多次公开传输而导致信用卡信息被窃。接下来以B2C交易为例，简要说明第三方支付的总体交易流程（见图3-31）。

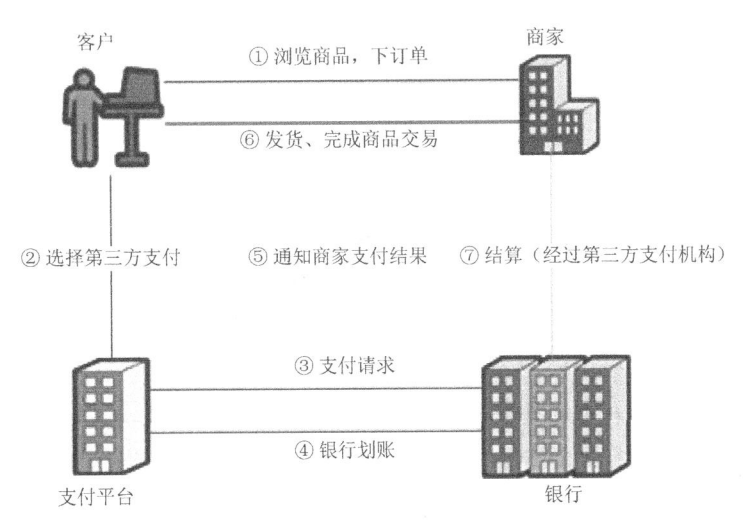

图3-31 第三方支付的总体交易流程（以B2C交易为例）

以 B2C 交易为例，第三方支付的总体交易流程分为六步。第一步，客户在电商平台上选购商品，最后决定购买，买卖双方在网上达成交易意向。第二步，客户选择将第三方支付机构作为交易中介，客户通过信用卡将货款划到第三方账户。第三步，第三方支付机构将客户已经付款的消息通知商家，并要求商家在规定时间内发货。第四步，商家收到通知后按照订单发货。第五步，客户收到货物并验证后通知第三方。第六步，第三方支付机构将其账户上的货款划入商家账户中，交易完成。

具体来看，跨境电商的支付与结算有买买买模式（跨境支付购汇）和赚外汇模式（跨境收入结汇）两种。在买买买模式下，资金出境；在赚外汇模式下，资金入境。不同模式下的第三方跨境电商支付与结算的流程不同，下面就资金出境与资金入境两种不同模式分别进行介绍。

（1）资金出境。

对于资金出境的情景，流程如下（见图 3-32）：第一步，买家选购货物，向持有跨境外汇支付牌照的第三方支付机构使用人民币付款；第二步，第三方支付机构向合作银行购汇；第三步，合作银行向第三方支付机构支付外币；第四步，第三方支付机构向境内/外商家结算货款。

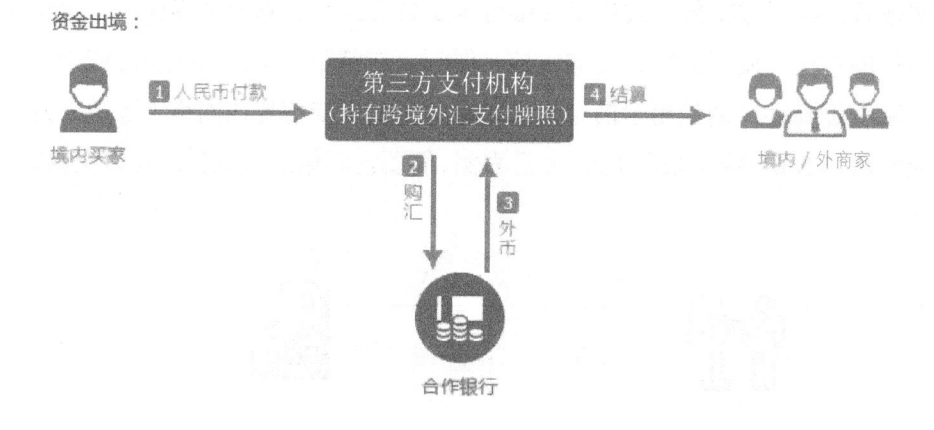

图 3-32 境内买家购买境外商品时使用第三方支付的流程

（2）资金入境。

对于资金入境的情景，流程如下（见图 3-33）：第一步，境外买家选购货物，向持有跨境支付牌照的第三方支付机构使用外币付款；第二步，第三方支付机构向合作银行结汇；第三步，合作银行向第三方支付机构支付人民币；第四步，第三方支付机构向境内/外商家结算货款。

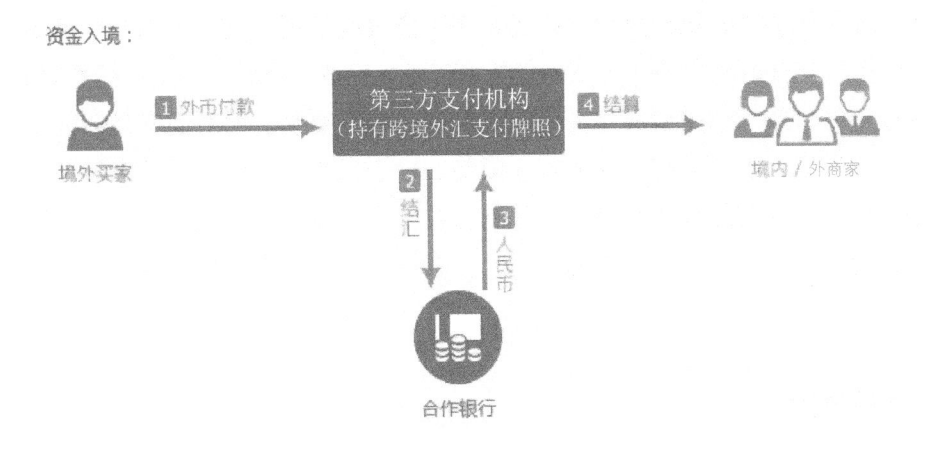

图 3-33　境外买家购买境内商品时使用第三方支付的流程

3.4　线上支付方式的风险及防范措施

线上支付既涉及电子货币又涉及交易信息传输,这既涉及国家金融和个人的经济利益又涉及交易秘密的安全。支付电子化还增加了国际金融风险传导、扩散的危险。能否有效防范线上支付过程中的风险是线上支付能否健康发展的关键。本节主要介绍欺诈风险、交易风险、资金风险及线上支付风险的防范措施。

3.4.1　欺诈风险

网上诈骗包括市场操纵、知情人交易、无照经纪人、投资顾问活动、欺骗性或不正当销售活动、误导进行高科技投资等互联网诈骗。据北美证券管理者协会调查,网上诈骗每年估计使投资者损失 100 亿美元。

线上支付拓展金融服务业务的方式与传统金融不同,其虚拟化服务业务形成了突破地理国界限制的无边界金融服务的特征,对金融交易的信用结构要求更高、更趋合理,金融机构可能会面临更大的信用风险。以网上银行为例,网上银行通过远程通信手段,借助信用确认程序对借款者的信用等级进行评估,此类评估有可能增加网上银行的信用风险。借款人很可能不履行对电子货币的借贷应承担的义务,或者由于网络上运行的金融信用评估系统不健全造成对借贷人的信用评估失误。此外,从电子货币发行者处购买电子货币并用于转卖的国际银行,也会由于发行者不兑现电子货币而承担信用风险。有时,电子货币发行机构将出售电子货币所获得的资金进行投资,如果被投资方不履行业务,就可能为发行人带来信用风险。

总之,因为信用保障体系不健全,只要同线上支付机构交易的另外一方不履行义务,就会给线上支付机构带来欺诈风险。市场经济不能没有信用,信用可以减少市场交易费用。只有交易双方有足够高的信用度,交易才有可能完成,否则任何交易都需要面对面、以货易货地进行,缺乏信用最典型的交易案例便是物物交易。面对面交易或物物交易不仅会增加交易费用,而且会将交易的规模限制在一个很小的范围内。社会信用保障体系不健全是信用风险存在的根本原因,也是制约线上支付业务甚至电商发展的重要因素。对于跨境电商而言,交易主要发生在线上,相较于传统的物物交易,其所面临的欺诈风险更高。

3.4.2 交易风险

经济周期性波动、软硬件系统的风险、外部技术支付风险等都会导致线上支付面临交易风险。

首先,线上支付和传统金融活动一样,都面临着经济周期性波动的风险。同时,由于线上支付具有信息化、国际化、网络化、无形化的特点,它所面临的风险扩散更快、危害性更大,一旦金融机构出现风险,很容易通过网络迅速在整个金融体系中引起连锁反应,引发全局性、系统性的金融风险,导致经济秩序混乱,甚至引发严重的经济危机,从而无法保证交易的顺利进行。

其次,从整体看,线上支付的业务操作和大量的风险防控工作均由计算机软件系统完成。全球电子信息系统的技术和管理中的缺陷或问题成为线上支付最为重要的系统风险。在与客户的信息传输过程中,如果该系统与客户终端的软件互不兼容或出现故障,则存在传输中断或速度降低的风险。此外,系统停机、磁盘列阵破坏等不确定性因素也会造成系统风险。根据对发达国家不同行业的调查,计算机软件系统停机等因素对不同行业造成的损失各不相同,其中对金融业的影响最大。发达国家的零售和金融业的经营服务已在相当程度上依赖于信息系统的运行。信息系统的平衡、可靠和安全运行成为线上支付系统安全的重要保障。因此,若软/硬件系统不完善,将带来较大的交易风险。

最后是外部技术支持风险。由于网络技术的高度知识化和专业性,又出于对降低运营成本的考虑,金融机构往往依赖于外部市场的服务支持来解决内部的技术或管理难题,如聘请金融机构之外的专家来支持或直接操作各种网上业务活动。这种做法适应了线上支付发展的要求,但也使自身暴露在可能出现的操作风险之中:外部的技术支持者可能并不具备满足金融机构要求的能力,也可能因为自身的财务困难而终止提供服务,从而对金融机构造成威胁。在所有的外部技术支持风险中,最具有技术性的外部技术支持风险是线上支付信息技术的选择失误。在各种网上业务的解决方案层出不穷、不同的信息技术公司大力推举自己的方案、系统兼容性可能出现问题的情况下,选择失误将不利于系统与网络的有效连接,还会造成巨大的技术机会损失,甚至使金融机构蒙受巨大的商业机会损失。

总体来说，线上支付主要服务于电商，而电商由于交易制度设计的缺陷、技术路线设计的缺陷、技术安全缺陷等因素，可能出现交易风险。这种交易风险是跨境电商活动及其相关线上支付独有的风险，它可能不局限于交易或支付的各方，而且可能导致整个支付系统的系统性风险。

3.4.3 资金风险

当线上支付机构没有足够的资金满足客户兑现电子货币或结算的需求时，就会面临资金流动性风险。一般情况下，线上支付机构常常会因为流动性风险而恶性循环地陷入声誉风险中，只要线上支付机构在某一时刻无法以合理的成本迅速增加负债或变现资产，从而获得足够的资金来偿还债务，就存在资金流动性风险。这种风险主要来自电子货币的发行人。发行人将出售电子货币的资金进行投资，当客户要求赎回电子货币时，投资的资产可能无法迅速变现，或者会造成重大损失，从而使发行人遭受资金流动性风险，同时引发声誉风险。

资金流动性风险与声誉风险往往联在一起，成为相互关联的风险共同体。电子货币的流动性风险同电子货币的发行规模和余额有关，发行规模越大，用于结算的余额越大，发行者不能等值赎回其发行的电子货币或缺乏足够的清算资金等流动性问题就越严重。由于电子货币的流动性强，线上支付机构面临比传统金融机构更大的资金流动性风险。

3.4.4 线上支付风险的防范

1. 线上支付风险的管理步骤

线上支付风险管理与传统金融风险管理的基本步骤和原理几乎是一样的，不同的国家或地区、不同的监管机构可能会根据不同的情况，制定出不同的线上支付风险管理要求。目前，最为常见、最为通俗易懂的是巴塞尔委员会采用的风险管理步骤，这也是在跨境电商支付与结算流程中值得借鉴的线上支付风险管理步骤。以网上银行为例，巴塞尔委员会把线上支付风险管理分为三个步骤：评估风险、管理和控制风险及监控风险。

第一步，评估风险。评估风险实际包含了风险识别过程，但识别风险仅是最基本的步骤。识别风险之后，还需要将风险尽可能地量化。经过量化以后，银行的管理层就能够知道银行所面临的风险究竟有多大、对银行会有什么样的影响、这些风险发生的概率有多大，等等。在此基础上，银行的管理层要做出决定，确定本银行究竟能够承受多大程度的风险。换句话讲，如果出现这些风险，造成了相应的损失，银行的管理层能不能接受。到了这一步,风险的评估才算完成了。

第二步,管理和控制风险。管理和控制风险的过程比较复杂,简单地说就是各种各样的控制措施、制度的采用。

第三步,监控风险。最后一个步骤即风险的监控是建立在前两个步骤的基础上的。具体操作为,在系统投入运行、各种措施相继采用之后,通过机器设备的监控,以及通过人员的内部或外部稽核,来检测、监控上述措施是否有效,并及时发现潜在的问题,加以解决。

2. 防范线上支付风险的技术措施

线上支付风险的防范还依赖于多种技术措施,具体包括以下四个方面:建立网络安全防护体系;发展数据库及数据仓库技术;加速金融工程学科的研究、开发和利用;通过管理、培训手段来防范金融风险的发生。

(1)建立网络安全防护体系。

建立网络安全防护体系可以防范系统风险与操作风险。要不断采用新的安全技术来确保线上支付的信息流通和操作安全,如防火墙、滤波和加密技术等,要加速发展更安全的信息安全技术,包括更强的加密技术、网络使用记录检查评定技术、人体特征识别技术等,使正确的信息及时、准确地在客户和银行之间传递,以及防止非授权用户如黑客对线上支付机构所存储的信息的非法访问和干扰。其主要目的是在充分分析网络脆弱性的基础上,对网络系统进行事前防护,主要通过采取物理安全策略、访问控制策略,以及构筑防火墙、安全接口、数字签名等高新网络技术的拓展来实现。为了确保线上支付业务的安全,通常设有三种防护设施。第一种是在使用者上网使用的浏览器上使用的加密处理技术,从而确保资料传输时的隐秘性,保障使用者在输入密码、账号及资料后不会被人劫取及滥用。第二种是被称为"防火墙"的安全过滤路由器,防止外来者的不当侵入。第三种防护措施是"可信赖作业系统",它可充分保护线上支付的交易中枢服务器不会受到外人尤其是"黑客"的破坏与篡改。

(2)发展数据库及数据仓库技术。

建立大型线上支付数据仓库或决策支持系统,防范信用风险、市场风险等金融风险。通过数据库及数据仓库技术存储和处理信息来支持银行决策,以决策的科学化及正确性来防范各类可能发生的金融风险。要防范线上支付的信用风险,必须从解决信息对称、充分、透明和正确性着手,依靠数据库及数据仓库技术储存、管理、分析和处理数据,这是现代化管理必须完成的基础工作。线上支付数据仓库的设计可从社会化思路考虑信息资源的采集、加工和分析,以客户为中心进行资产、负债和中间业务的科学管理。不同银行可实行借款人信用信息共享制度，建立不良借款人的预警名单和"黑名单"制度，对有一定比例的资产控制关系、业务控制关系、人事关联关系的企业或企业集团，通过数据仓库及数据库进行归类整理、分析、统计，以及统一授信的监控。

（3）加速金融工程学科的研究、开发和利用。

金融工程是在金融创新和金融高科技基础上产生的，即运用各种有关理论和知识，设计和开发金融创新工具或技术，以期在一定风险度内获得最佳收益。目前，我们亟须加强电子技术创新对新的线上支付模式、技术的影响，以及由此引起的法制、监管的调整。

（4）通过管理、培训手段来防范金融风险的发生。

线上支付是技术发展的产物，许多风险管理措施都离不开技术的应用。不过这些风险管理措施实际上并不是单纯的技术措施，仍然需要人来贯彻实施，因此通过管理、培训手段提高从业人员的素质是防范金融风险的重要途径。《中华人民共和国计算机信息系统安全保护条例》《中华人民共和国计算机信息网络国际联网管理暂行规定》对计算机信息系统的安全和计算机信息网络的管理、使用做出了规定，严格要求线上支付等金融业从业人员依照国家法律规定操作和完善管理，提高安全防范意识和责任感，确保线上支付系统的安全和良好运行。

3. 加强线上支付立法建设

一方面，由于线上支付业务发展迅速，但相关立法相对滞后，导致了许多新的问题与矛盾。另一方面，线上支付涉及的范围相当广泛，给立法工作带来了一定的难度。为了防范各种风险，不但要提高技术措施、健全管理制度，还要加强立法建设。

本章小结

随着我国跨境电商的蓬勃发展，跨境支付方式层出不穷。总体来说，跨境电商支付与结算分为线下支付与结算和线上支付与结算。在互联网不断发展的大背景下，线上支付与结算方式成为跨境电商支付与结算的主流方式，包括网上银行支付、国际信用卡支付及第三方支付等。

本章介绍了网上银行支付、国际信用卡支付、第三方支付，以及线上支付方式可能带来的欺诈风险、交易风险与资金风险及其防范措施。网上银行通过互联网向客户提供开户、销户、查询、对账、行内转账、跨行转账、信贷、网上证券、投资理财等金融服务项目；国际信用卡是一种银行联合国际信用卡组织签发给那些资信良好的人士并可以在全球范围内进行透支消费的卡片；第三方支付是指具备一定实力和信誉保障的独立机构，通过与中国银联或网联对接而促成交易双方进行交易的网络支付模式。线上支付方式相较于传统支付方式更为便利，但也带来了风险与挑战，需要我们做好防范，进一步完善跨境电商的支付流程。

课后习题

一、多项选择题

1. 按照服务对象，我们可以把网上银行分为（　　）。
   A. 个人网上银行　　　　　　　　B. 企业网上银行
   C. 虚拟银行　　　　　　　　　　D. 实体银行

2. 企业进行出口贸易时，若企业需要甄选交易对手，获取交易对手所在国信息，评估国别风险、商业风险与法律风险，防范信用风险，可使用中国银行的（　　）业务。
   A. 货物运输保险　　　　　　　　B. 资信调查
   C. 资信证明　　　　　　　　　　D. 海事调查

3. 第三方支付的缺点有（　　）。
   A. 风险问题
   B. 电子支付经营资格的认知、保护和发展问题
   C. 业务革新问题
   D. 恶性竞争问题

4. 根据信用卡国际组织的不同，银行发行的国际信用卡也分为六大类，以下属于六大国际信用卡类型的是（　　）。
   A. VISA 卡　　　　　　　　　　　B. MasterCard
   C. 美国运通卡　　　　　　　　　D. 大来卡

5. 线上支付与结算方式有哪些风险？（　　）
   A. 注册风险　　　　　　　　　　B. 欺诈风险
   C. 交易风险　　　　　　　　　　D. 资金风险

二、判断题

1. 线上支付与结算包括汇付、托收、信用证等用于传统跨境贸易的支付与结算方式。　　　　　　　　　　　　　　　　　　　　　　　　　　　　　（　　）

2. 网上银行无时空限制，有利于扩大客户群体。　　　　　　　（　　）

3. 按照有无实体网点，网上银行分为"虚拟银行"和利用互联网开展业务的传统银行。　　　　　　　　　　　　　　　　　　　　　　　　　　　　（　　）

4. 国际信用卡是一种银行联合国际信用卡组织签发给那些资信良好的人士并可以在全球范围内进行透支消费的卡片。（　　）

5. 跨境电商支付与结算方式可分为一步支付方式和分步支付方式，传统支付方式往往是分步支付方式。（　　）

6. 第三方支付的产生是为了迎合同步交换的市场需求。（　　）

三、简答题

1. 与传统银行业务相比，网上银行有哪些优势？
2. 什么是国际信用卡？国际信用卡与国际信用卡组织有何联系？
3. 第三方支付方式与传统即时支付方式有何区别？第三方支付的本质是什么？
4. 简述第三方支付的交易流程。

第4章 国内跨境电商支付与结算平台

> ● 学习目标

- 了解我国跨境电商支付与结算的方式及主流平台；
- 掌握国内跨境电商支付与结算的流程；

> ● 学习重难点

- 重点：我国主流跨境电商支付与结算平台及其交易流程；
- 难点：支付宝跨境电商支付与结算业务；微信支付平台跨境电商支付与结算业务。

> ● 本章思维导图

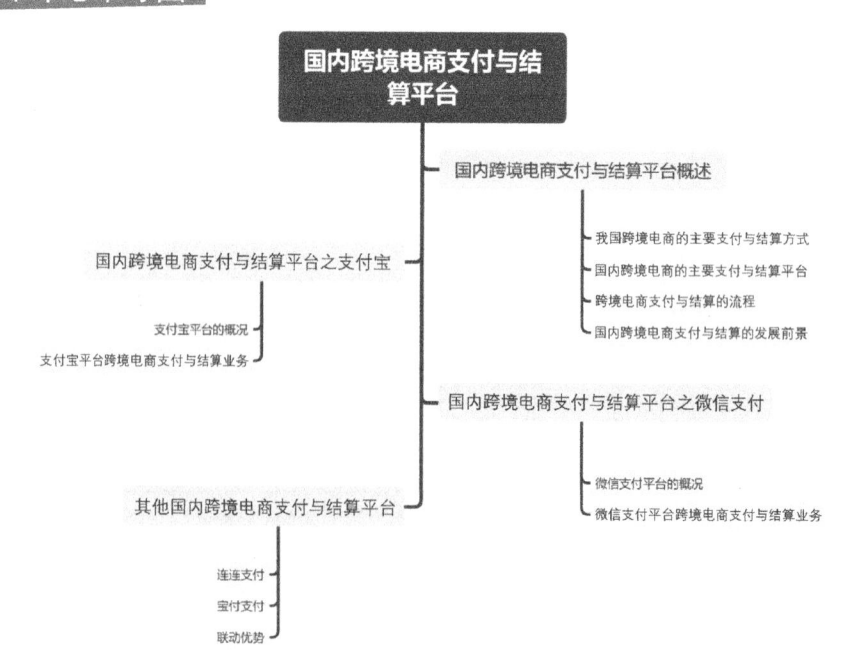

```
国内跨境电商支付与结
        算平台
            ├── 国内跨境电商支付与结算平台概述
            │       ├── 我国跨境电商的主要支付与结算方式
            │       ├── 国内跨境电商的主要支付与结算平台
            │       ├── 跨境电商支付与结算的流程
            │       └── 国内跨境电商支付与结算的发展前景
            ├── 国内跨境电商支付与结算平台之支付宝
            │       ├── 支付宝平台的概况
            │       └── 支付宝平台跨境电商支付与结算业务
            ├── 国内跨境电商支付与结算平台之微信支付
            │       ├── 微信支付平台的概况
            │       └── 微信支付平台跨境电商支付与结算业务
            └── 其他国内跨境电商支付与结算平台
                    ├── 连连支付
                    ├── 宝付支付
                    └── 联动优势
```

4.1 国内跨境电商支付与结算平台概述

跨境电商是指分属不同关境的交易主体，通过电商平台达成交易、进行支付结算，并通过跨境物流送达商品、完成交易的一种国际商业活动。电子商务的本质就是对三流（信息流、资金流、物流）的管理，其中资金流的管理和跨境电商支付与结算息息相关。自 2016 年起，我国跨境电商市场逐渐走向开放和规范化，跨境电商已经开始反向驱动中国国内供应链升级，并成为中国外贸业务发展的新引擎。对于跨境电商企业来说，资金流的管理尤为重要，故本节对国内跨境电商支付与结算平台进行介绍。

4.1.1 国内跨境电商的主要支付与结算方式

跨境电商和跨境电商支付与结算相互依存、彼此影响。跨境电商支付与结算是跨境电商的重要环节，除了汇率、税费、政策、基础设施等制约因素，还涉及不同货币之间能否通用、能否实现通汇通兑、不同货币间的汇率波动等问题。跨境电商的顺利进行离不开跨境电商支付与结算，了解跨境电商支付与结算方式及流程是跨境电商企业最基本的生存之道。

跨境电商的业务模式不同，采用的支付与结算方式也存在差异。跨境电商支付与结算业务包括跨境出口收入结汇与跨境进口支付购汇。从支付资金的流向来看，我国跨境电商出口业务涉及跨境收入结汇，其结汇途径主要包括第三方收结汇、通过国内银行汇款、以结汇或个人名义拆分结汇流入等。我国跨境电商进口业务涉及跨境支付购汇，购汇途径一般有第三方购汇支付、境外电商接受人民币支付、通过国内银行购汇汇出等。

从目前来看，跨境电商支付与结算方式较多。具体来说，我国跨境电商支付与结算方式主要有银行电汇、专业汇款公司和第三方支付。数据显示，我国使用第三方支付平台和银行电汇的用户比例较高，其中第三方支付平台的使用率更高。相比之下，第三方支付平台能同时满足用户对跨境汇款便捷性和低费率的需求，这也是第三方平台受到越来越多用户青睐的缘由。

4.1.2 国内跨境电商的主流支付与结算平台

我国普遍的跨境支付与结算方式有银行电汇、专业汇款公司和第三方支付。其中，银行电汇与专业汇款公司的安全性较高，但时间效率性较低，且费用较为昂贵。由于第三方支付不仅方便、快捷、高频，且费用较低，较能满足大多数交易需求，越来越多的跨境商家选择第三方支付。因此，本节讨论的提供跨境支付业务和资金结算业务的平台，

跨境电商支付与结算

皆以第三方支付平台为例。

跨境支付市场的竞争十分激烈。由于各支付机构都力争在跨境支付市场上获得更多的市场份额,多家第三方支付机构都大幅调低手续费费率,同时将盈利点转向给予外贸企业与跨境电商提供配套的金融服务。目前,我国具备跨境支付资格的第三方支付机构有财付通、支付宝、银联、快钱、易宝、首信易、网银在线、联动优势等。

4.1.3 跨境电商支付与结算的流程

按资金流向的不同,跨境电商支付与结算可分为跨境出口收入结汇与跨境进口支付购汇,下面分别从跨境出口收入结汇和跨境进口支付购汇来介绍跨境电商支付与结算的流程。

1. 跨境出口收入结汇

跨境出口收入结汇有两种支付与结算模式:先出口后收款跨境贸易人民币支付与结算、先收款后出口跨境贸易人民币支付与结算。接下来分别介绍这两种支付与结算模式的流程。

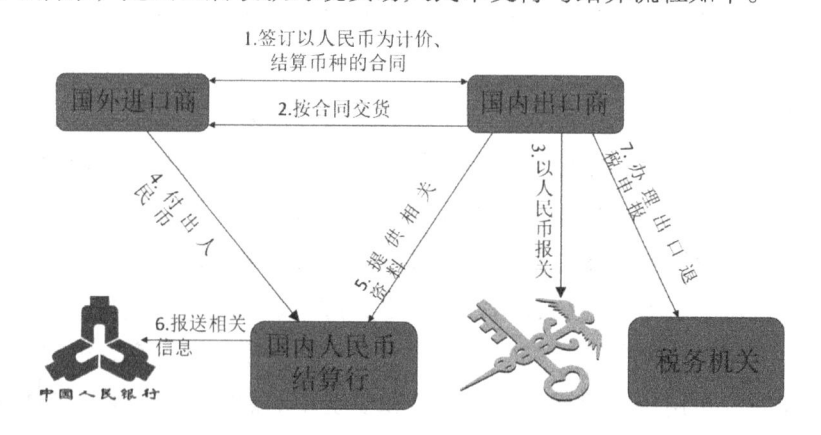

1)先出口后收款跨境贸易人民币支付与结算流程

如图4-1所示,先出口后收款跨境贸易人民币支付与结算流程如下。

图 4-1 先出口后收款跨境贸易人民币支付与结算流程

第一步,出口企业与外商签订以人民币为计价、结算币种的贸易合同。

第二步,出口企业按合同交货给外商。

第三步,出口企业按合同规定及货物出货情况,以人民币向海关报关。

第四步,外商向我国出口企业账号支付人民币。

第五步,出口企业向银行提交"跨境贸易人民币结算出口收款说明"后,由银行将款项汇入出口企业账户。首次办理跨境贸易人民币结算业务的出口企业还需要向银行提交《关于确定跨境贸易人民币结算主报告银行的函》《企业信息登记表》。

第六步，银行按规定将相关信息报送中国人民银行规定的管理系统。

第七步，出口企业凭出口发票、增值税发票和出口报关单退税联，向当地税务机关办理出口退税申报。

2）先收款后出口跨境贸易人民币支付与结算流程

如图4-2所示，先收款后出口跨境贸易人民币支付与结算流程如下。

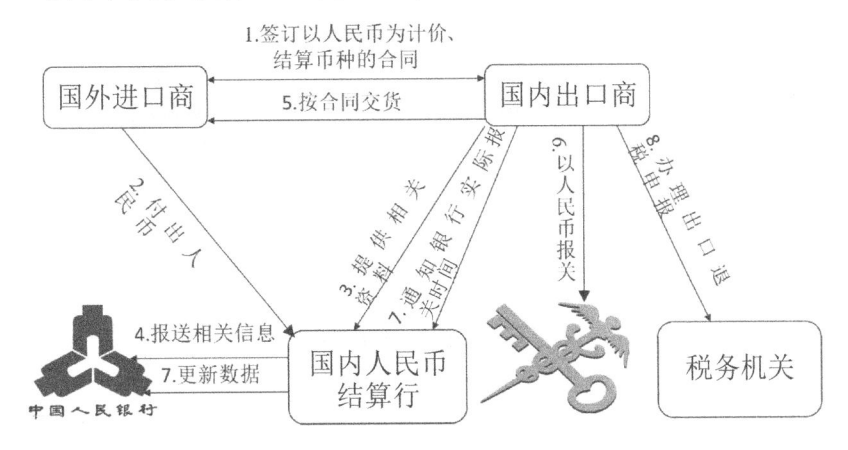

图 4-2　先收款后出口跨境贸易人民币支付与结算流程

第一步，出口企业与外商签订以人民币为计价、结算币种的贸易合同。

第二步，外商向出口企业账户行支付人民币。

第三步，出口企业向银行提交"跨境贸易人民币结算出口收款说明"后，由银行将款项汇入出口企业账户。首次办理跨境贸易人民币结算业务的出口企业还需要向银行提交《关于确定跨境贸易人民币结算主报告银行的函》《企业信息登记表》。

第四步，结算银行按规定将相关信息报送中国人民银行规定的管理系统。

第五步，出口企业按合同交货给外商。

第六步，出口企业按合同规定及货物出货情况，以人民币向海关报关。

第七步，出口企业实际报关时间与预计报关时间不一致，应通知银行，由银行向中国人民银行规定的管理系统报送相关更新信息。

第八步，出口企业凭出口发票、增值税发票和出口报关单退税联，向当地税务机关办理出口退税申报。

2. 跨境进口支付购汇

在跨境进口商品的交易背景下，跨境进口支付购汇业务的支付与结算流程如图4-3所示。

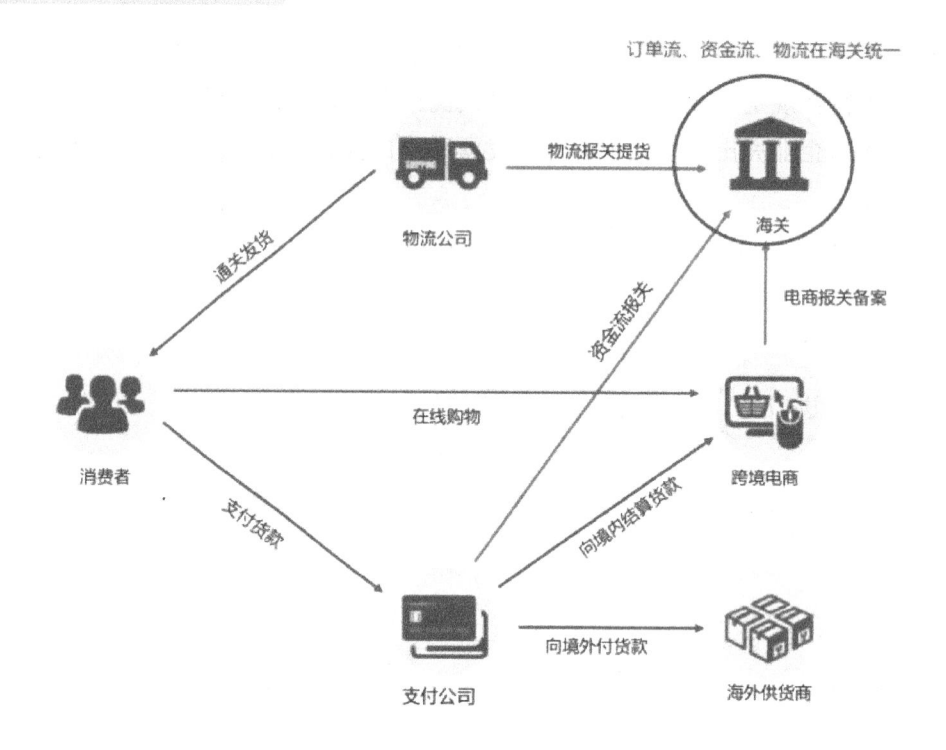

图 4-3　跨境进口支付购汇业务的支付与结算流程

第一步，国内用户在跨境电商平台上购买商品，使用国内支付方式（网银支付、快捷支付、扫码支付等）支付。

第二步，支付公司（或平台）通过合作银行进行购汇（购汇成功后外币进入支付公司的外币备付金账户）。

第三步，商家维护指定的境外收款人信息，支付公司向境外付汇（将支付公司的外币备付金汇至境外收款人账户），进行资金结算。

4.1.4　国内跨境电商支付与结算的发展前景

近几年，随着国内跨境电商的飞速发展，跨境电商支付与结算也在高速发展。

1. 万亿市场即将到来，跨境支付交易规模迅速增长

随着监管层对国内第三方支付机构政策的放开，以支付宝为代表的支付机构开始发展跨境购物、汇款及境外移动支付，国内第三方支付机构的跨境支付交易规模迅速增长。同时，跨境支付已然成为支付巨头的新战场。从国内看，一二线城市的第三方支付市场已相对饱和，面临巨大的竞争压力；从技术输出看，经过多年积累，我国第三方支付不论是在技术层面还是在模式层面均已领先世界；从生态建设看，支付作为商业的闭环和用户金融行为的第一入口，通过用户的积累，为未来全方位增值服务的发展奠定了基础；

从利润层面看，相较于海外 1.5%～3%的费率，我国市场的费率最高仅为 0.6%，却仍存在下行空间，去海外市场追求利润成为必然。同时，移动支付出海也成为我国"一带一路"倡议的关键一环。

2. "鏖战"跨境支付，第三方支付机构加速布局

1）国内第三方支付巨头布局

国内一二线城市的第三方支付市场已相对饱和，支付竞争激烈，第三方支付机构的利润空间逐渐被压缩。在此背景之下，国内第三方支付巨头将战场转移至海外，其中支付宝推出的最早，先发优势明显；微信发展迅速，布局速度很快；中国银联利用渠道和合作优势，大拓疆土。

2）其他第三方支付机构的概况

除了支付宝与腾讯支付等第三方支付巨头，我国第三方支付市场发展迅速，其中不乏发展迅速且潜力巨大的第三方支付机构，如连连支付、宝付支付、联动优势等。

支付宝和腾讯在跨境支付业务上主要发力 C 端市场，重点布局、落地境外或海外 C 端移动支付及退税服务。相比之下，连连支付主要发力 B 端市场。连连支付在欧洲、美洲、亚洲等多个国家地区设立海外持牌金融公司，与全球众多知名金融机构及电商平台达成合作，成功对接国内 11 个电子口岸，支持全球 16 个主流结算币种，全球跨境支付服务网络逐步成型。

宝付网络科技（上海）有限公司（又称宝付支付）是 2017 年唯一获批跨境外汇支付试点资质的支付机构。自 2017 年 2 月底获得试点资质后，它一直致力于打造一站式跨境支付平台，并积极开拓跨境支付新市场。由于跨境零售行业的贸易平台与企业对跨境支付的需求较为强烈，随之带动仓储、物流等上下游相关服务行业也产生强烈的跨境支付需求，因此宝付支付目前专注于电商零售行业。宝付支付已着手布局全球战略，现阶段聚焦美国、日本和欧洲市场。

联动优势获得国家外汇管理局、北京外汇管理部跨境外汇支付试点和中国人民银行跨境人民币支付试点资质，开展跨境支付业务，是 Wish 等知名电商平台的重要合作伙伴。联动优势为开展电商的境内/外商家及电商平台提供外币和人民币支付与结算的整体解决方案，可实现 1～3 个工作日到账。联动优势是目前获准开展跨境支付试点业务的机构中，试点业务范围最广（共 9 类）的第三方支付机构。

3. 国内跨境支付面临的难题

1）监管力度不足

大部分跨境支付的过程是通过网络进行的，但是由于网络的虚拟性不能产生纸质合同、资料等，所以交易记录易被伪造，从而造成证据的失真。相应的监管部门想要进行账单查询,在审核过程很难发现问题或真相。由于跨境贸易的数据量比较大、配送方式各有不同、交易方式不统一,因此监管部门在进行监管数据统计时会面临数据不全面的问题,从而导致监管力度不足。

2)支付安全问题

跨境电商网站很多,如有不慎会遇到某些"钓鱼"网站,消费者可能面临付款后无法收到货的风险、银行卡被盗刷或个人信息被盗用的风险。跨境电商支付与结算相比传统跨境贸易的支付与结算更为复杂,不同国家针对跨境电商支付与结算制定的法律法规不同,因此跨境交易主体需要对当地相关的法律法规有充分的了解。

3)法律不够完善

虽然我国已经在跨境行业有了比较明确的法律法规支撑,但是对于很多细节之处还是顾及不到,特别是在跨境支付与结算方面缺少相关的规定,所以法律的适用性有待改善。

4.2 国内跨境电商支付与结算平台之支付宝

作为首批获得开办跨境外汇支付业务资格的第三方支付平台,支付宝的业务范围逐步扩大,不仅能提供国内的线上、线下支付与结算业务,还能在我国与海外其他国家或地区的贸易往来中为各个跨境商家提供便利的支付与结算服务。本节介绍国内跨境电商支付与结算平台之支付宝。

4.2.1 支付宝平台的概况

支付宝是国内领先的第三方支付平台,致力于提供"简单、安全、快速"的支付解决方案。支付宝从2004年建立起,始终以"信任"作为产品和服务的核心。其旗下有"支付宝"与"支付宝钱包"两个独立品牌。截至2019年6月,支付宝及其本地钱包的合作伙伴已经服务了超12亿名全球用户。2020年1月,支付宝宣布其全球用户超过10亿人,半年内其全球用户数保持了20%的增速。

作为国内首屈一指的综合性互联网金融平台,支付宝的国际布局战略在一定程度上可以反映我国跨境支付的出海路径。从目前来看,其战略布局包含三个举措,即服务国人出境游、搭建跨境电商及构建海外金融平台。在服务国人出境游方面,支付宝通过与当地支付机构合作、与退税机构合作两种方式布局海外线下支付业务。前者凭借大量出国游客及支付宝的高渗透率,可以帮助当地商家吸引顾客,受到国外商家及本土支付机构的欢迎;后者通过与退税机构合作优化用户体验。在搭建跨境电商方面,支付宝建立了"国际版天猫"——全球速卖通,通过电商方式推动支付工具的推广。在构建海外金融平台方面,支付宝旨在成为其他国家的"支付宝",但受当地牌照的限制,多采取收购当地支付机构的方式,并在后续持续提供技术与运营扶持。

目前支付宝已经在英国、印度、菲律宾、印度尼西亚、马来西亚、巴基斯坦、孟加拉国、韩国等国家和地区,落地了9个属于本地人的"支付宝"。支付宝在境外的线下支付业务,集合了衣、食、住、行、玩、乐等各个领域的全球数十万户商家,并且全球有超过80个机场在使用支付宝进行即时退税。

4.2.2 支付宝平台跨境电商支付与结算业务

2019年11月5日,支付宝向外国游客开放使用权限。游客充值一次就可以在长达90天的时间里使用支付宝,而不需要使用当地的银行账号或手机号码。在跨境金融方面,支付宝与国内外180多家银行及国际信用卡组织等建立了战略合作关系,成为众多金融机构在电子支付领域最为信任的合作伙伴之一。本节将对支付宝平台跨境电商支付与结算业务的流程进行介绍。

1. 支付宝平台跨境电商支付与结算业务的分类

支付宝的业务范围广泛,涵盖了商业消费、交通出行、政务民生、教育医疗等方面。本节探讨的是支付宝平台跨境电商支付与结算业务,其业务主要包括以下两方面:境内消费者或企业在国外跨境电商平台上购物时,通过支付宝付款给国外商家;境内跨境电商企业在国外跨境电商平台上出售商品,通过支付宝向国外消费者或商家收款。

2. 支付宝平台跨境电商支付与结算业务的流程

1)通过支付宝付款给国外商家

通过支付宝付款给国外商家的前提是下载手机支付宝。目前,支付宝推出的国际汇款业务只有在支付宝的手机客户端才能进行,支付宝的PC端登录界面上暂时未开通国际汇款业务。总体来说,通过支付宝付款给国外商家的支付步骤如下:下载支付宝—登录个人手机支付宝—选择"跨境汇款"并进入"上银汇款"—进入"立即汇款"—填写汇款信息(汇款用途按实际需求选择)和汇款人相关信息—阅读"个人购汇申请书"—填写"预计用汇时间"和"购汇用途"—"确认付款"。

接下来介绍通过支付宝付款给国外商家的具体实操步骤。

步骤一:打开手机支付宝,点击"转账"按钮,如图4-4所示。

步骤二:进入"转账"页面后,点击"跨境汇款"按钮,如图4-5所示。

步骤三:进入"跨境汇款"页面后,点击"上银汇款"按钮,如图4-6所示。

步骤四:进入"上银汇款"页面后,填写汇款金额,如图4-7所示。

步骤五:填写"收款人信息",如图4-8所示。

图 4-4 打开手机支付宝，点击"转账"按钮

图 4-5 点击"跨境汇款"按钮

图 4-6 点击"上银汇款"按钮

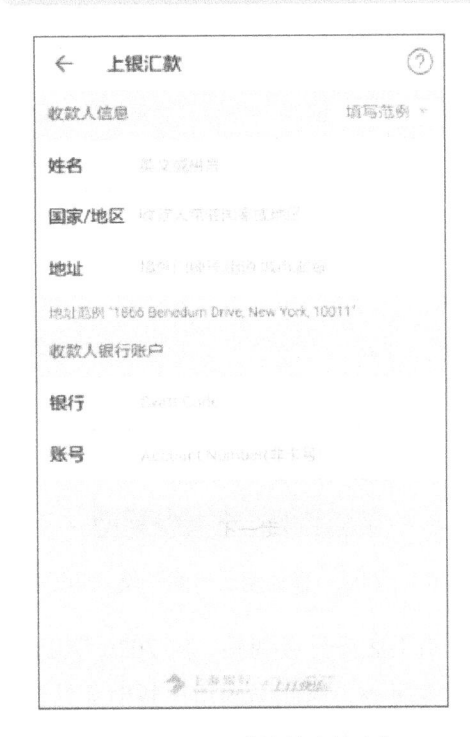

图 4-7　填写汇款金额　　　　　　　图 4-8　填写"收款人信息"

步骤六：填写"汇款信息"，如图 4-9 所示。

步骤七：查看"个人购汇申请书"并确认，如图 4-10 所示。

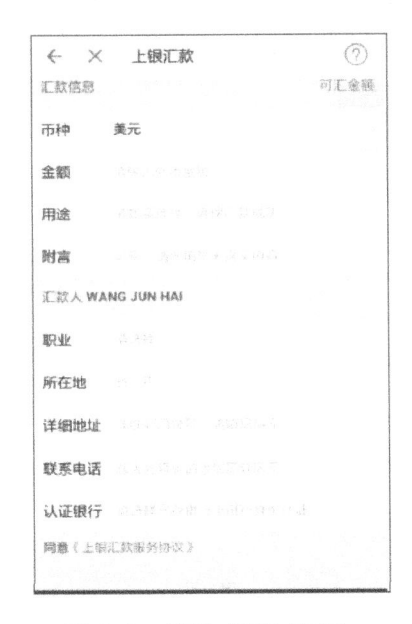

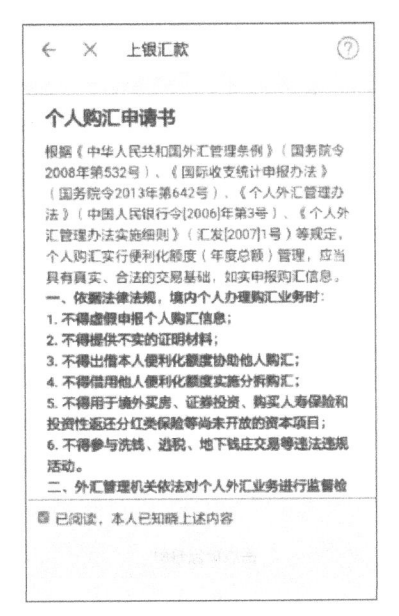

图 4-9　填写"汇款信息"　　　　　图 4-10　查看"个人购汇申请书"并确认

步骤八：确认"预计用汇时间"及"购汇用途"，如图 4-11 所示。

步骤九：点击"确认信息并汇款"按钮，如图 4-12 所示。

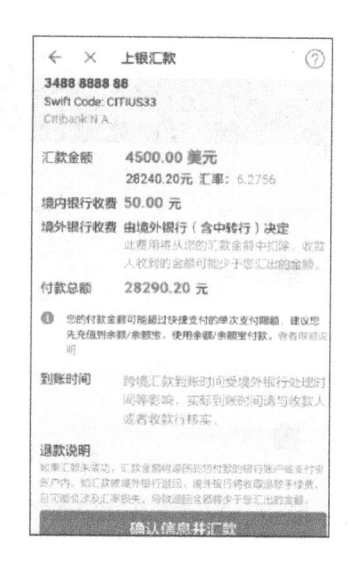

图 4-11　确认"预计用汇时间"及"购汇用途"　　　图 4-12　点击"确认信息并汇款"按钮

由于业务升级调整,自 2020 年 11 月 30 日起,支付宝"上银汇款"个人跨境汇款产品暂停服务,因此国内用户暂时无法通过支付宝进行跨境汇款,待该业务恢复后可按以上步骤通过支付宝付款给国外商家。

2)通过支付宝向国外消费者或商家跨境收款

步骤一:打开手机支付宝,点击"转账"按钮,如图 4-4 所示。

步骤二:点击"转账"按钮后,找到"跨境汇款"按钮并点击,如图 4-5 所示。

步骤三,进入"跨境汇款"页面后,选择"我要收款"选项,如图 4-13 所示。

图 4-13　选择"我要收款"选项

第 4 章　国内跨境电商支付与结算平台

步骤四，进入"我要收款"页面后，选择"闪速收款"选项，如图 4-14 所示。

步骤五，"选择收款银行卡"，点击"提交"按钮，如图 4-15 所示。

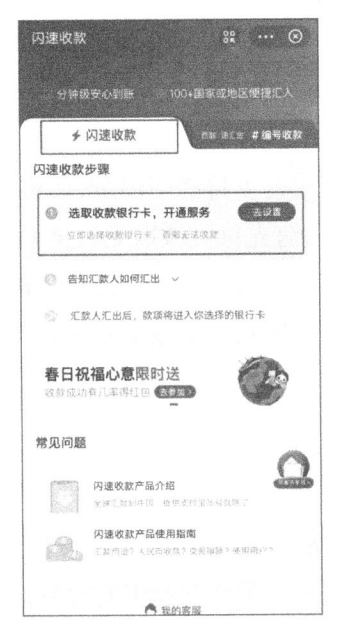

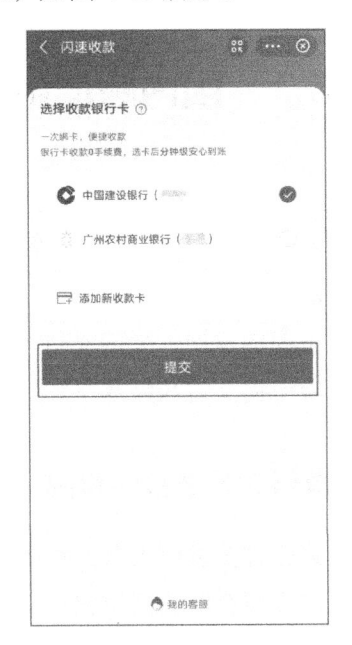

图 4-14　选择"闪速收款"选项　　图 4-15　"选择收款银行卡"，点击"提交"按钮

步骤六，确认收款银行卡后，"告知汇款人如何汇出"，点击"去分享"按钮，如图 4-16、图 4-17 所示。

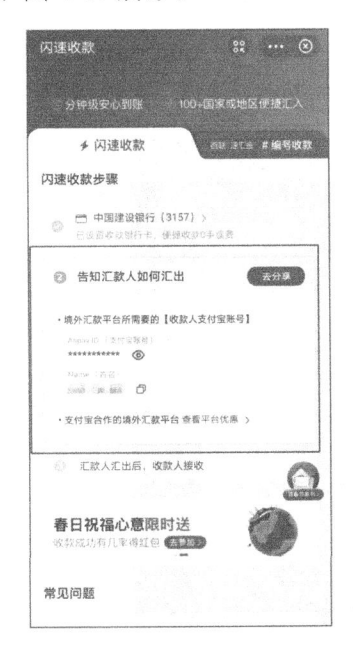

图 4-16　"告知汇款人如何汇出"，点击
"去分享"按钮

图 4-17　点击"去分享"按钮后，将弹出
页面所示的汇款方式告知汇款人

步骤七，待汇款人将款项汇出后，收款人接受，通过支付宝进行跨境收款的流程结束。

4.3 国内跨境电商支付与结算平台之微信支付

微信支付是腾讯公司的支付业务品牌，微信支付平台支持线下场所、公众号、小程序、PC 网站、App、企业微信等经营场景快速接入微信支付。微信支付全面打通 O2O 生活消费场景，提供专业的"互联网+"行业解决方案，支持微信红包和微信理财通。随着跨境电商的发展，微信支付平台跨境电商支付与结算业务也逐步发展起来。本节介绍国内跨境电商支付与结算平台之微信支付。

4.3.1 微信支付平台的概况

随着第三方支付愈来愈占据国内外支付市场的重心，我国第三方支付平台得以迅速发展。如前文所介绍的阿里巴巴旗下的支付平台——支付宝就在跨境支付方面起到了重大作用。作为对标阿里巴巴的腾讯公司，在跨境支付业务的布局方面也不落后。目前，微信支付接入的国家和地区已增至 40 个、支持 13 种外币直接结算，有 8 亿名用户绑定自己的银行卡账户。2018 年，微信支付跨境支付月均交易笔数同比增长 500%，月均交易金额同比增长 400%，服务商数量同比增长 300%，商家数量同比增长 700%。截至 2019 年 3 月，微信支付跨境支付已在逾 49 个国家和地区合规接入，支持 16 个币种直接交易。2018 年第一季度与 2019 年第一季度各大支付平台用户数量如图 4-18 所示。

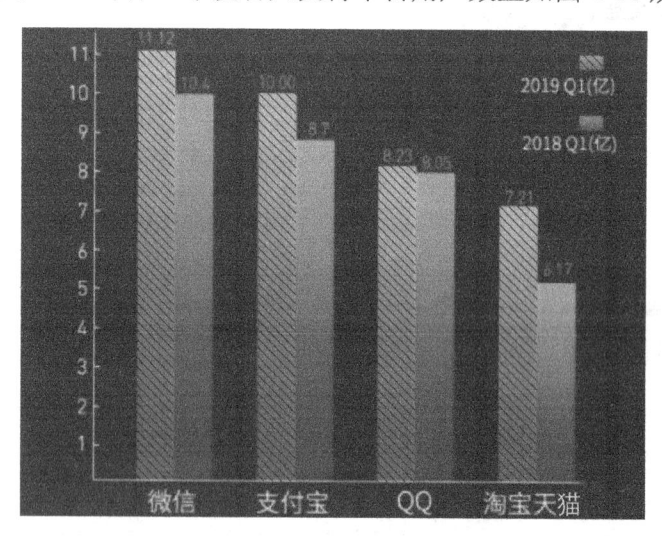

图 4-18 2018 年第一季度与 2019 年第一季度各大支付平台用户数量

4.3.2 微信支付平台跨境电商支付与结算业务

作为中国领先的第三方支付平台之一，微信支付为商家提供安全、便捷、可配置的资金管理功能及各种资金应用。除了使用微信支付进行付款，商家还可以在微信支付平台查询交易订单的情况，包括订单状态、订单支付方式、订单成功时间、订单是否享有优惠等，并可以针对某笔交易订单发起退款。微信支付平台提供已结算查询、交易账单、资金账单，从不同维度辅助商家进行便捷的对账。本节就微信支付平台跨境电商支付与结算业务进行介绍。

1. 微信支付在跨境电商支付与结算中发挥的作用

国内消费者熟悉的亚马逊和 eBay 等跨境购物网站，由于其和腾讯之间的竞争关系及自有支付工具等原因，没有接入支付宝。亚马逊有自带的收付款工具 Amazon Pay，eBay 也有收付款工具 PayPal，各家都支持消费者的双币信用卡支付。除此之外，部分国外跨境电商平台支持微信支付和国外直邮到国内。

微信支付具备方便快捷、覆盖面广、资金到账快、安全性高等优势。在逐步发展与完善的过程中，微信支付平台推出跨境支付功能，有助于实现多方共赢。同时，微信支付平台围绕"微信生态"开展跨境支付业务，加大了跨境支付推广力度。目前，微信支付服务已向境外商家开放，目前已支持九大币种的结算：GBP（英镑）、HKD（港币）、USD（美元）、JPY（日元）、CAD（加拿大元）、AUD（澳大利亚元）、EUR（欧元）、NZD（新西兰元）、KRW（韩元）。

2. 微信支付的境外支付方式

微信支付的境外支付支持多种支付方式，包括公众号支付、App 支付和扫码支付。

3. 微信支付平台跨境电商支付与结算业务的流程

微信支付平台跨境电商支付与结算目前主要有如下形式：国内消费者在国外跨境电商平台上或线下购物时通过微信支付平台付款给国外商家。其交易流程如图 4-19 所示。

第一步，消费者在境外商家网站或线下实体店上通过微信支付使用人民币购物付款。第二步，消费者付款后，款项由微信支付即时从消费者账户中划出，微信支付平台通过合作银行完成购汇，并最终将外币款项结算到境外商家的境外银行账户中。第三步，境外商家收到货款后，向消费者提供外币计价商品，至此整个微信支付平台跨境电商支付与结算业务的流程结束。

在进行结算时，微信支付平台在从买家账户收取到货款后，在 T+1 日根据结算银行提供的即期汇率进行购汇。当清算资金达到 5000 美元（等值其他外币）后，系统将自动转账到商家的银行账户。由此可见，微信支付提供了省时且便利的支付与结算服务，人民币收款、向境外商家结算外币是微信支付的核心功能。

图 4-19 微信支付平台跨境电商支付与结算业务的流程

4.4 其他国内跨境电商支付与结算平台

跨境电商的发展使得国际交易市场由原来的大型企业大金额、长周期的线下采购变成了中小企业和个体消费者的小金额、短周期的零星采购集合，但由于我国对个人购汇管制较为严格，而海外的商家又不能为我国消费者提供人民币的直接结算方式，这给跨境电商支付与结算带来了巨大的挑战。因此，需要一种具有第三方信用担保的人民币境外支付方式来满足中小企业和消费者的需求。

2015 年，国家外汇管理局发布《国家外汇管理局关于开展支付机构跨境外汇支付业务试点的通知》和《支付机构跨境外汇支付业务试点指导意见》，允许 30 家试点支付机构开展跨境外汇支付业务试点。获得"支付业务许可证"的第三方支付机构可以申请为电商客户办理跨境接收业务。本节将介绍除支付宝和微信支付这两大国内领先的第三方支付平台外的其他国内跨境电商支付与结算平台。

4.4.1 连连支付

连连银通电子支付有限公司（简称连连支付）是浙江省级高新企业，成立于 2003 年，注册资金为 3.25 亿元，是专业的第三方支付机构和中国行业支付解决方案提供商。2011 年 8 月，连连支付获得了中国人民银行颁发的"支付业务许可证"，为浙江省第二家获得该业务许可证的企业。连连支付的业务涵盖全国范围的互联网支付、移动支付业务。2013 年 11 月，连连支付与中国银行义乌分行合作开展跨境人民币收支业务，获得中国人民银行义乌市支行的批准许可。

连连支付拥有中国人民银行、国家外汇管理局认可的第三方支付及跨境支付服务资质。其移动业务主要包括提供定制化企业账户体系，聚合收银台轻松接入，支持分账、担保交易等需求场景。其跨境业务主要包括极速收款、实时汇率、支持欧洲 5 国增值税（Value Added Tax，VAT）直缴，为出口电商卖家打造一站式跨境金融服务，如图 4-20 所示。

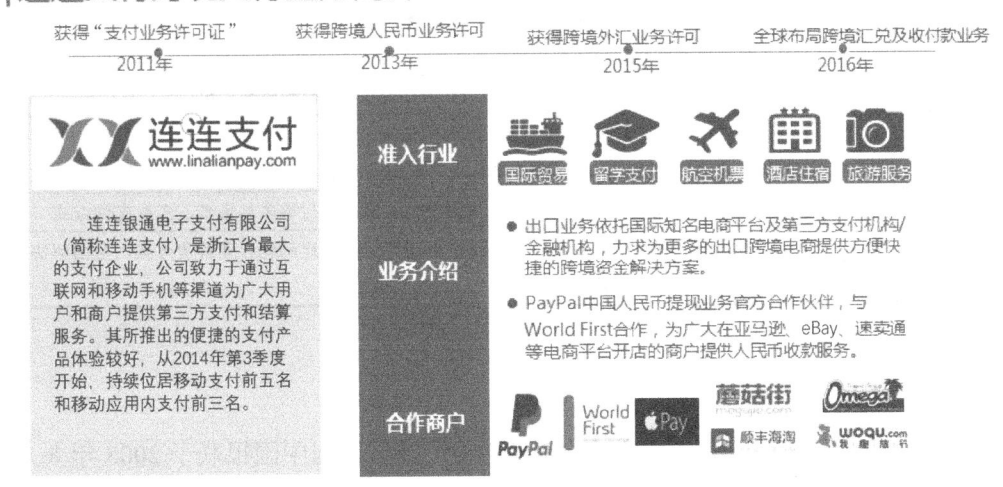

图 4-20 连连支付跨境支付业务简介

连连支付致力于创建"更简单的跨境支付"事业。其凭借强大的合规安全实力与高效、灵活的全球支付网络，目前已支持全球数十家电商平台、覆盖全球超过 100 个国家和地区，成为"70 万+"跨境电商卖家信任的一站式跨境支付平台。作为出海企业的成长伙伴，连连支付始终关注卖家的每一件小事，通过创新高效、低成本的支付解决方案，助力中国企业快速拓展国际市场，赋能中国品牌扬帆出海。

4.4.2 宝付支付

宝付支付是漫道金服旗下的一家第三方支付公司，于 2011 年底荣获了由中国人民银行颁发的"支付业务许可证"，是 2017 年首家获批跨境支付资格的机构。宝付支付旨在为个人及企业提供灵活、自助、安全的互联网支付产品与服务。宝付支付提供 365 天不间断结算服务，使商家的资金快速回笼，让电子商务与资金流安全、无缝衔接，同时将"实时清算整体解决方案"作为核心商业模式贯彻落实，使宝付支付的市场规模在近两年来保持了高速的增长势头。

宝付支付为个人及企业提供灵活、自助、安全的互联网支付产品与服务。宝付支付的产品包括收款类产品、付款类产品、结算类产品、平台类产品，种类丰富，受众广泛。针对企业用户，宝付支付构建全新的综合支付平台，业务覆盖 B2B、B2C 和 C2C 各领域，为行业用户量身定制"一站式支付解决方案"，打造极富特色的在线支付与清算服务。

宝付支付解决方案包括全币种收款、报关报检、全场景支付等服务，并为跨境电商、酒店住宿等行业提供一站式支付解决方案，全面解决商家需求，如表 4-1 所示。

表 4-1 宝付支付业务名称及内容分析

业 务 名 称	内　　容
跨境收款	支持跨境外汇、人民币等全币种资金出境，采用银行实时汇率结算，最快 15 分钟实现资金全额到账
跨境付款	支持个人与企业的跨境外汇、跨境人民币等全币种资金入境
报关报检	目前已开通：广州、宁波、杭州、深圳、北京、上海等地区的电子口岸，并推送至海关总署系统，可覆盖全国海关作业；同时支持实名认证，保证数据准确
全场景支付	支持网银 B2B、网银 B2C、快捷支付、聚合支付等多种场景、多种支付方式
一站式支付解决方案	提供跨境电商、酒店住宿、航空机票等行业的定制化行业解决方案，全面解决跨境电商商家遇见的难题

4.4.3 联动优势

联动优势科技有限公司（简称联动优势）由中国移动与中国银联于 2003 年 8 月联合发起成立，着力于为企业和消费者提供创新、绿色、安全、高效的金融及电子商务产品和服务。

联动优势是目前国内跨综合支付服务、智能金融信息服务、移动化的本地多应用服务三大领域的移动金融及移动电子商务产业链服务提供商。联动优势已获得全国范围的互联网支付、移动电话支付、银行卡收单业务的"支付业务许可证"、基金销售支付结算业务许可、跨境外汇支付资质和跨境人民币支付业务备案；其香港关联公司安派国际获得香港 MSO（金钱服务经营者）牌照。联动优势是中国支付清算协会常务理事单位、中国互联网金融协会常务理事单位。

联动优势不仅为 B2B、交通出行、物流、银行、保险、证券等多个行业提供"支付+"的定制化综合解决方案,以及为境内/外客户提供跨境收付款、结售汇、保理融资等跨境支付和金融服务综合解决方案,还集合、联动其他板块资源,提供综合支付、资金管理、供应链金融、区块链等金融科技服务,如表 4-2 所示。

表 4-2 联动优势的业务优势分析

优 势	内 容
覆盖行业广	货物贸易、留学、机票、酒店、花费充值服务、旅游、运输、软件服务、国际展览等九大行业
支持币种多	包括美元、欧元、港币、日元、英镑等至少 15 个可结算外币币种
服务区域多	覆盖全球 200 多个国家和地区

联动优势运用其独创的商业模式开展移动支付业务,大力整合行业资源,建立行业客户群体,不断完善移动支付价值链的构成。联动优势的诞生,既推动了移动通信运营商和金融机构核心业务的发展,又为其服务创新带来了新的发展机会,更为广大商家带来了更多的支付渠道和方式,从而在竞争中形成差异化优势。

本章小结

跨境电商行业体量庞大,商业形态呈现多样化。与此同时,与跨境电商息息相关的跨境支付服务,也迎来了发展的春天。当跨境电商发展步入"黄金时代",第三方支付市场呈现"红海"之势,跨境支付或将成为支付平台的下一个"跑马圈地"的主战场。随着支付宝、微信支付等第三方支付巨头进入海外市场,其他第三方支付平台也发展得如火如荼。连连支付支持全球数十家电商平台、覆盖全球超过 100 个国家和地区,成为"70 万+"跨境电商卖家信任的一站式跨境支付平台。宝付支付已正式获得"支付业务许可证",成为 2017 年首家获批跨境支付资格的支付机构。联动优势也为 B2B、交通出行、物流、银行、保险、证券等多个行业提供"支付+"的定制化综合解决方案,以及为境内/外客户提供跨境收付款、结售汇、保理融资等跨境支付和金融服务综合解决方案。随着人民币国际化进程的持续推进,我国跨境电商支付与结算平台将迎来增长爆发期,并将有力推动跨境电商支付与结算业务的飞速发展。

课后习题

一、多项选择题

1. 具体来说,我国跨境电商支付与结算方式主要有(   )。

    A. 银行电汇   B. 专业汇款公司

  C. 第三方支付   D. 现金支付

 2. 按资金流向的不同，跨境电商支付与结算可分为（　　）。

  A. 跨境进口收入结汇   B. 跨境出口收入结汇

  C. 跨境进口支付购汇   D. 跨境出口支付购汇

 3. 支付宝的国际布局战略包含以下哪三个举措？（　　）

  A. 拓展线下支付   B. 服务国人出境游

  C. 搭建跨境电商   D. 构建海外金融平台

 4. 微信支付平台跨境电商支付与结算业务包括（　　）。

  A. 国内消费者在国外消费时通过微信支付平台付款给国外商家

  B. 国内消费者在国外跨境电商平台上购物时通过微信支付平台付款给国外商家

  C. 国内用户跨境付款给国外商家、朋友

  D. 国外用户跨境支付给国内商家、朋友

 5. 以下属于我国国内第三方支付平台的有（　　）。

  A. 贝宝   B. 连连支付

  C. 联动优势   D. 支付宝

二、判断题

1. 电子商务的本质就是对信息流、资金流、物流的管理。　　　　（　　）
2. 第三方支付方式包括银行电汇和专业汇款公司等。　　　　　　（　　）
3. 跨境电商支付与结算业务涉及资金结售汇与收付汇。　　　　　（　　）
4. 在搭建跨境电商方面，支付宝建立"国际版天猫"——全球速卖通，通过跨境电商方式推动支付工具的推广。　　　　　　　　　　　　　　　　（　　）
5. 微信支付平台仅支持移动端付款的功能。　　　　　　　　　　（　　）
6. 宝付支付致力于为跨境电商、酒店住宿等行业提供一站式支付解决方案，全面解决商家需求。　　　　　　　　　　　　　　　　　　　　　　（　　）

三、简答题

1. 请对比在跨境电商中第三方支付方式与传统的银行汇款的优缺点。
2. 使用支付宝进行跨境支付与结算有哪些利弊？
3. 使用微信支付进行跨境支付与结算有哪些利弊？
4. 跨境购物付款时有哪些注意事项？

第5章 国外跨境电商支付与结算平台

学习目标

- 了解国外跨境电商支付与结算的方式及主流平台；
- 掌握国外跨境电商支付与结算平台的业务流程；
- 学会实际运用国外跨境电商支付与结算主要平台。

学习重难点

- 重点：国外跨境电商支付与结算主流平台；
- 难点：国外跨境电商支付与结算主流平台业务的分类及流程。

本章思维导图

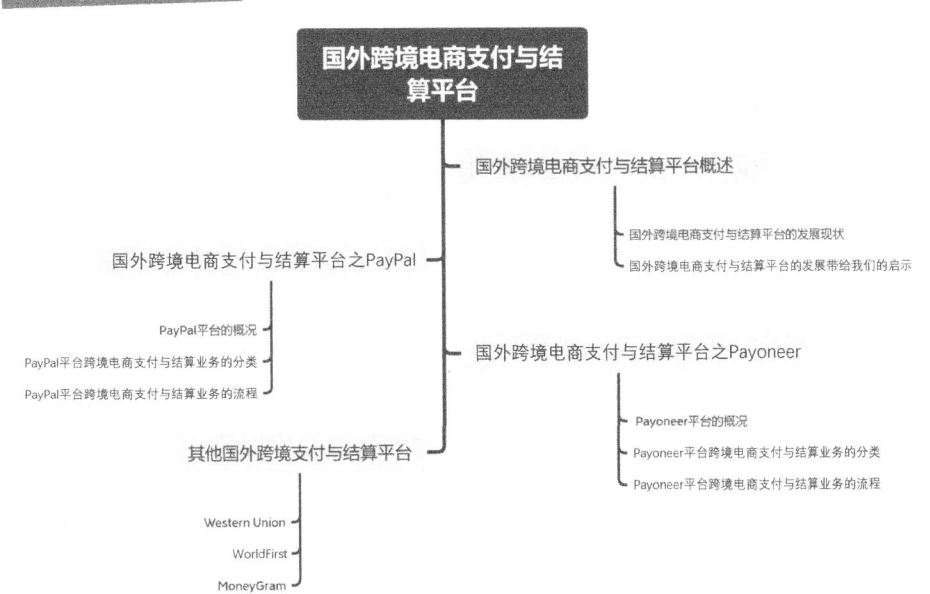

```
国外跨境电商支付与结算平台
├── 国外跨境电商支付与结算平台概述
│   ├── 国外跨境电商支付与结算平台的发展现状
│   └── 国外跨境电商支付与结算平台的发展带给我们的启示
├── 国外跨境电商支付与结算平台之PayPal
│   ├── PayPal平台的概况
│   ├── PayPal平台跨境电商支付与结算业务的分类
│   └── PayPal平台跨境电商支付与结算业务的流程
├── 国外跨境电商支付与结算平台之Payoneer
│   ├── Payoneer平台的概况
│   ├── Payoneer平台跨境电商支付与结算业务的分类
│   └── Payoneer平台跨境电商支付与结算业务的流程
└── 其他国外跨境支付与结算平台
    ├── Western Union
    ├── WorldFirst
    └── MoneyGram
```

5.1 国外跨境电商支付与结算平台概述

跨境电商支付与结算平台主要是指通过跨境网络消费途径实现的跨境交易所使用的国际支付平台。

5.1.1 国外跨境电商支付与结算平台的发展现状

国外第三方支付产业的起源略早于我国。1996 年，美国诞生全球首家第三方支付机构，随后 Yahoo! PayDirect、Amazon Pay 和 PayPal 纷纷成立，其中 PayPal 在第三方支付机构的发展历程中最为典型。成立于 1998 年的 PayPal 的初始目的是弥补在电商领域商业银行不能覆盖个人收单业务领域的不足。2002 年，PayPal 被当时全球最大的 C2C 网上交易平台 eBay 全资收购，从此 PayPal 进入快速发展时期。集聚各种二手商品的 eBay 当时是全球最大的 C2C 网上交易平台，由于商品的所有者和购买方都是个人，而商业银行不向个人客户提供银行卡收单服务，因此，只能采取传统支付方式的 eBay 平台的运行效率较为低下。收购 PayPal 使 eBay 成功解决了交易支付问题，PayPal 也凭借 eBay 强大的市场优势实现了自身的快速发展。PayPal 在为 eBay 提供支付服务的基础上，扩展其自身业务至更为广阔的电商领域。PayPal 在北美市场合作客户范围广阔，小到普通比萨饼屋，大到零售巨头沃尔玛，合作过的 B2C 在线商城达五百多家。除 PayPal 外，其他第三方支付机构也在快速成长。

国外第三方支付业务在市场中的占有率虽然不高，但渗透力很强，其中主要的非现金支付工具是签名借记卡和国际信用卡组织的信用卡。国外由于整体信用环境较好并且采取无磁无密的交易方式，因此能够顺利地将银行卡支付迁移到互联网交易渠道中。第三方支付机构与国际信用卡组织的合作，不断开拓新的业务领域，金融危机之后，人们的信用消费习惯有所改变，借记卡成为重要的支付工具，率先实施全球化战略的第三方支付机构凭借其优势占据整个市场的主导地位。另外，在业务类型方面，第三方支付也已经延伸到了学费、公共事业费、房租等各类账单支付领域，并在整个业务量中的占比不断提升。

总体来说，第三方支付市场在国外的发展可分为两个阶段：一是随着个人电商市场的发展，起源、壮大和成熟的阶段；二是不断向垂直化、外部专业化电商网站深入拓展的阶段。下面简要介绍不同国家或地区的第三方支付的发展现状。

1. 美国

在美国，目前网络第三方支付业务被视为一种货币转移业务，第三方支付机构被视为支付中介人与客户的代理人，按照客户指示对其资金进行周转，尽管其采用了先进的交易方式，但本质上仍是传统货币服务业务的延伸。

因此，美国没有把第三方支付机构当作一种新型的机构进行专项立法监管，只是从货币服务业务的角度，在联邦和州两个层面对第三方支付机构进行监管。在联邦层面，联邦存款保险公司是主要的监管部门，各州的监管则由各州根据自己不同的法律实施不同的监管措施。美国对第三方支付机构的监管主要依据现有的相关法律，或者对现行法律法规进行相应增补，以便对汇款业务或非银行机构支付业务（此类业务统称为"货币服务业务"）进行监管，重点在于监管业务的交易过程。被当作"货币服务机构"的第三方支付机构的运营牌照需由监管机构统一发放，同时明确其投资范围限制、初始资本金、自有流动资金、反洗钱义务、记录和报告制度等内容。在美国，第三方支付机构的资金被视为公司负债。而且出于联邦存款保险公司对滞留资金监管的需要，通过存款延伸保险制度，第三方支付机构的滞留资金被存放在为其提供保险的商业银行的无息账户中。美国的《爱国者法案》规定，包括第三方支付机构的所有货币服务机构需要在财政部下属的金融犯罪执行网络（FinCEN）上注册、备案。各机构接受联邦和州两级的反洗钱监管，经营前须通过 FinCEN 的认定，所有交易将会被记录并保存，同时任何可疑交易都需要及时汇报。2009 年 11 月，美国财政部下属的内部税收服务署（IRS）对银行卡支付及第三方网上支付的信息披露问题做出了新规定，提出"第三方网络交易"是通过第三方支付网络系统进行清算的交易，第三方清算组织只需要汇报当年交易总额超过 20 000 美元或交易笔数超过 200 笔的第三方网络支付交易。

2. 欧盟

近年来，欧洲地区的电商增长快速，但欧洲各国电商的发展程度不一，瑞典、丹麦、芬兰和挪威等北欧国家处于领先发展地位，英国、德国、法国和其他中欧国家居中，意大利、希腊等南欧国家相对滞后。欧盟通过对支付媒介的规定实现对第三方支付机构的监管。任何第三方支付机构都需要在获得银行执照或电子货币机构执照后，通过商业银行货币或电子货币这两种媒介开展支付业务。欧盟具体制定颁布了《电子货币指引》《电子签名共同框架指引》《电子货币机构指引》，规定只有传统信用机构和受监管的新型电子货币机构在同时满足在央行存有大量资金和取得相关金融部门颁发的营业执照后才有权力发行电子货币。同时，这三部"指引"也能对电子货币机构的大部分电子支付工具，包括支付网关及虚拟账户等起到规范作用。

归纳起来，欧盟地区对第三方支付机构的监管包括以下几点。

1）最低资本金要求

第三方支付机构必须拥有自有资金（有最低限额），同时要求其初始资本不得低于 100 万欧元。

2）投资活动限制

明确对沉淀资金的定位——其属于负债。资金投资活动严格限制在一定的投资项目类型和投资额度之内。

3）业务风险管理

第三方支付机构需具备适当的内控机制，坚持稳健和审慎管理旳原则，拥有规范的会计核算程序。

4）记录和报告制度

电子货币机构的交易记录需要在一段时间内进行完整保留，同时应该按时提交定期财务报告和审计报告等。

3. 日本及亚洲其他国家

在亚洲地区，日本的第三方支付行业领先发展，新加坡、韩国、中国、印度等紧跟其后。日本的电商能够快速发展不仅源于其企业间的纽带关系，也因其具有完善的基础设施。一方面，日本企业在长期经营中形成了以大企业为核心、中小企业群围绕的共生体系，大企业凭借雄厚的资本和技术在积极推进电商发展的同时也带动着大批中小企业与其一并发展。另一方面，日本传统的零售配送系统成功解决了电商配送和支付问题，这些为日本第三方支付产业发展创造了良好条件。在新加坡电商发展过程中，政府发挥了积极作用，尤其在对中小企业的支持方面发挥了重要作用。近年来，中国、印度等国的第三方支付产业发展迅速，但不成熟的网上支付系统及买卖双方的信用问题依旧是制约其发展的重要原因。在对第三方支付机构的监管方面，亚洲国家起步普遍较晚。1988年，新加坡领先其他亚洲国家，率先颁布了《电子签名法》，对第三方支付做出监管规定。亚洲其他国家和地区对于第三方支付机构的监管尚处于探索阶段。

5.1.2 国外跨境电商支付与结算平台的发展带给我们的启示

面对庞大的第三方支付平台使用对象或潜在使用对象，如何积极构建第三方支付监管体系，确保第三方支付业务在规范的前提下继续快速发展是当前各国相关部门都在探索的一个课题。国外跨境电商支付与结算平台的发展带给我们的启示主要有以下几点。

1. 行业定位

美国第三方支付起源于 20 世纪 80 年代的美国 ISO 制度，形成了以较为成熟的信用卡和银行支票业务为基础，逐渐转向互联网媒体的发展模式。也正因为这种以银行业务为基础的发展模式，促使美国将第三方支付机构界定为货币服务机构。

欧洲由于历史原因，各国的经济发展水平不一，电商发展水平也参差不齐。早在 1988 年，欧盟就规定网上第三方支付媒介只能是商业银行货币或电子货币，将第三方支付机构定位为银行或电子货币公司，只有取得相应营业执照的机构才能开展第三方支付业务。

2. 监管模式

美国采取的是以最低限度、审慎监管、过程监督、权力分散为原则，联邦和州两级监管的模式。其监管部门包括金融监管机构、消费信贷监管机构和商业监管机构。由美国联邦存款保险公司通过第三方支付机构的滞留资金在商业银行无息账户衍生的保险实现对第三方支付机构及其滞留资金的监管。

欧盟采取的是以审慎原则为主，适度监管，鼓励创新，多元化的管理原则。欧盟致力于搭建区域一体化的欧盟支付区，由央行负责电子货币的发行工作，通过对电子货币发行机构的监管实现对第三方支付机构的管理。

3. 监管措施

美国的监管模式为分级监管，由联邦负责对第三方支付机构的登记、注册和监督检查，由州负责发放第三方支付货币专业业务的经营牌照。美国规定沉淀资金为负债，不得用于类似银行存贷款业务的业务，对不符合规定的机构，相关机构可以终止、撤销业务许可或要求相应机构退出该领域。同时，加强风险管理，由美国联邦存款保险公司以用户滞留资金存放在银行产生的利息为保费为第三方支付机构提供上限为 10 万美元的保险额度。

欧盟明确欧洲央行为第三方支付监管主体，通过对第三方支付机构采取资质审核下发银行业或电子货币公司牌照的方式进行准入管理。欧盟对电子货币机构制定最低资本金要求，并将第三方支付机构的沉淀资金定义为负债，严格限制其投资活动；建立了风险准备金制度，由欧洲央行开设专门账户并留存适当资金，以防范风险；建立了消费者保护制度，规定第三方支付机构需要向当事人披露相关内容信息，确保电子货币的可赎回性。

5.2 国外跨境电商支付与结算平台之 PayPal

PayPal 是倍受全球亿万名用户追捧的国际贸易支付工具，即时支付，即时到账，全中文操作界面，能通过中国的本地银行轻松提现，解决外贸收款难题，帮助用户成功开展海外业务。用户在注册 PayPal 后就可立即开始接受信用卡付款。作为在线付款服务商，

PayPal 是卖家向全世界数亿名用户敞开大门的快捷方式。PayPal 的注册完全免费，集国际流行的信用卡、借记卡、电子支票等支付方式于一身，帮助买卖双方解决各种交易过程中的支付难题。与此同时，PayPal 是名副其实的全球化支付平台，服务范围包括超 200 个市场，支持的币种超过 100 个。在跨国交易中，约 70%的在线跨境买家喜欢用 PayPal 支付海外购物款项。

PayPal 也是全球使用最为广泛的第三方支付工具之一，针对具有国际收付款需求的用户设计账户类型。它能帮助用户进行便捷的外贸收款、提现与交易跟踪；进行安全的国际采购与消费；快捷支付并接收包括美元、加元、欧元、英镑、澳元和日元等 25 种国际主要流通货币。

5.2.1 PayPal 平台的概况

本节从 PayPal 的账户注册、PayPal 的付款设置、PayPal 绑定国内银行卡的步骤，以及 PayPal 的提现方式来介绍 PayPal 平台的概况。

1. PayPal 的账户注册

接下来以商家账号注册为例来介绍 PayPal 的账户注册流程。

第一步，登录 PayPal 平台，点击"注册"按钮，选择"商家账户（个体/企业）"选项，如图 5-1 所示。

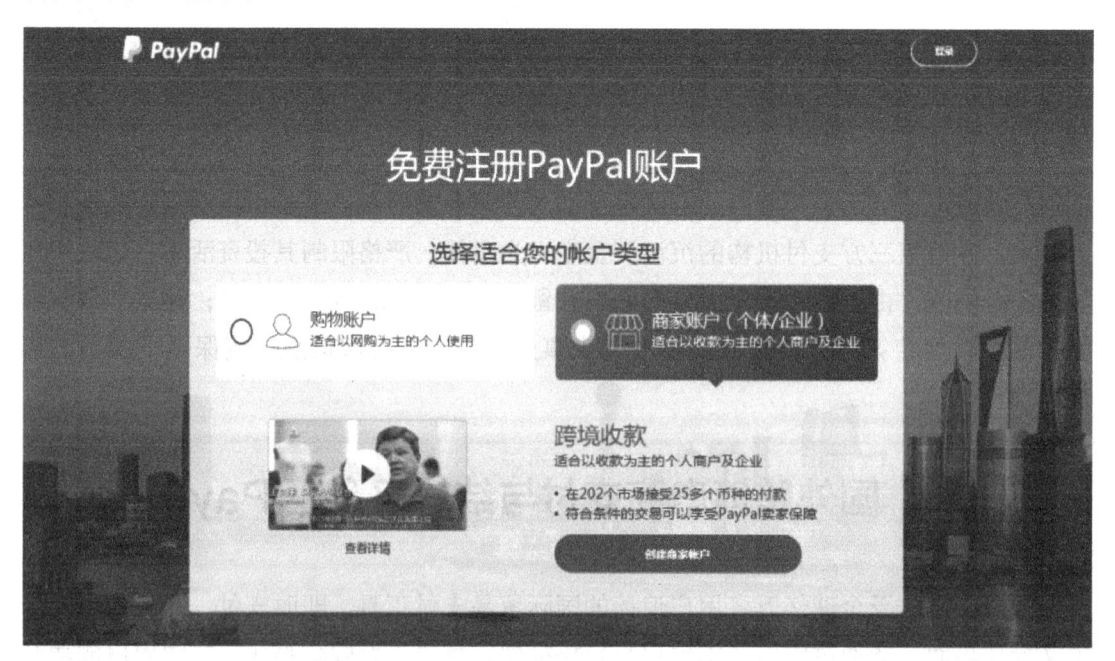

图 5-1 选择注册的 PayPal 账户类型

第5章 国外跨境电商支付与结算平台

第二步，填写注册信息后，点击"同意并创建账户"按钮。

图 5-2 填写注册信息

第三步，输入需要注册的邮箱地址，点击"下一步"按钮，如图 5-3 所示。

图 5-3 输入需要注册的邮箱地址

第四步，进行信息填写，点击"同意并继续"按钮，如图5-4所示。

图5-4　填写公司基本信息

第五步，填写公司的详细信息，如图5-5所示。

第六步，填写账号持有人的信息，点击"提交"按钮，PayPal注册便成功了，如图5-6所示。

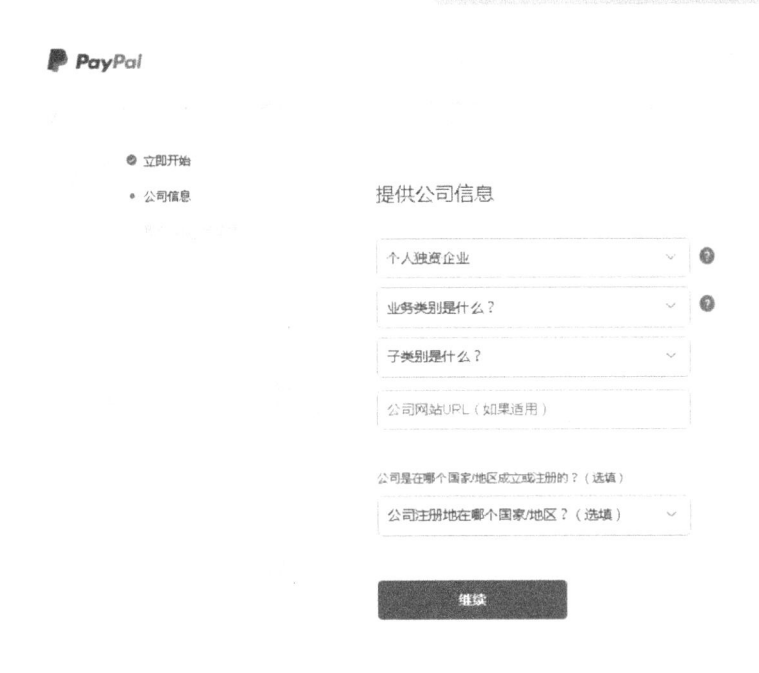

图 5-5 填写公司的详细信息

图 5-6 填写账号持有人的信息

2. PayPal 的付款设置

PayPal 商家账号注册成功后，接下来就要进行付款设置以保证交易成功进行。在"商家设置"中,有"付款设置"和"账户设置"两大类。

第一步,分别点击"付款设置"按钮和"账户设置"按钮,所显示页面分别如图5-7和图5-8所示。

图5-7 点击"付款设置"按钮所显示的页面

图5-8 点击"账户设置"按钮所显示的页面

第二步，商家选择通过验证邮箱来激活账户，可以在商家所设置的邮箱中找到验证邮件，点击后账户被激活，如图 5-9 所示。账户激活后进行付款设置。

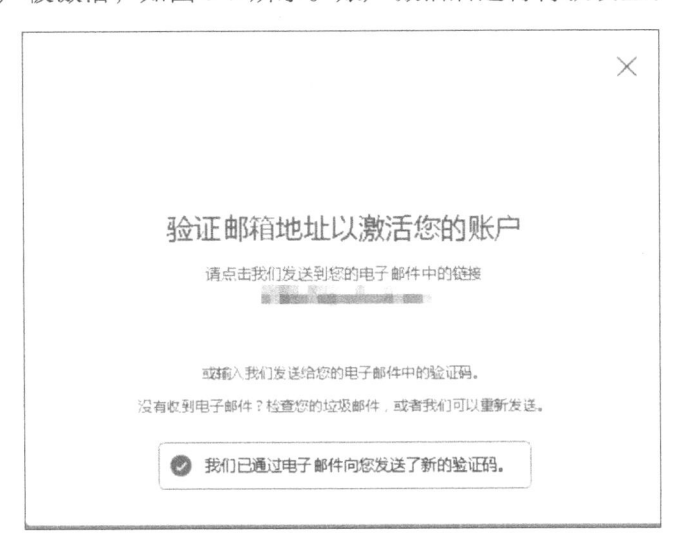

图 5-9　PayPal 账户激活页面

3. PayPal 绑定国内银行卡

当用户验证完邮箱后并且完成了收付款的设置后，最后一步，需要进行银行卡的绑定，路径如下："设置"—"账户设置"—"资金、银行账户和卡"。

第一步，点击"资金、银行账户和卡"按钮。

图 5-10　PayPal 账户"资金、银行账户和卡"设置页面

第二步，点击"关联银行账户"或"关联卡"按钮。

图 5-11　PayPal 账户"关联银行账户"页面　　图 5-12　PayPal 账户"关联卡"页面

第三步，确认所添加的银行账户或银行卡信息后完成银行卡绑定。

图 5-13　完成银行卡绑定

4. PayPal 的提现方式

PayPal 的提现方式主要有以下两种。

第一种提现方式是通过 PayPal 官方合作伙伴连连支付提现，每单收取提现金额 1.2% 的手续费。通过这种方式提现的前提是金额不大，如果提现金额的 1.2% 超过了 35 美元则应采用第二种提现方式。

第二种提现方式为电汇，不管金额大小，每次提现收取 35 美元的手续费。当提现金额为 2916.67 美元时，两种提现方式的手续费相同；当提现金额大于 2916.67 美元时，使用电汇提现比较划算。

买家使用 PayPal 购物，无论是通过信用卡、借记卡还是 PayPal 余额付款，均无须支付任何手续费，手续费多半已经被卖家添加在了商品金额里面，因此手续费将由卖家承担。如使用其他货币付款，则只需支付小笔兑换费。

5. 使用 PayPal 的费用

商家使用 PayPal 的费用分为两部分：交易手续费和提现手续费。

1）交易手续费

PayPal 交易手续费=交易金额×4.4%+0.3 美元。例如，如果客户向商家支付了 500 美元，那么交易手续费就是 500×4.4%+0.3=22.3（美元），因为 0.3 美元是固定不变的，所以进入到商家账户的金额就是 500-22.3=477.7（美元）。月收款累积达到一定的范围，是可以申请降低手续费的。若月收款超过 3000 美元，则可以联系客服申请下调手续费费率，手续费费率最低可降到 3.4%（见图 5-14）。想要降低手续费的卖家，还可以将手续费加在产品定价中，或者和买家商量均摊交易手续费。若想要把这些款项提现到银行账户，则可用连连支付提现，手续费费率低至 1.2%，前提是账户必须为卖家账户，并且账户余额不低于 150 美元。

网站、账单或电子邮件收款

	月销售额（美元）	费率
标准费率	3000及以下	4.4% + 0.30 美元*
	3000~10 000	3.9% + 0.30 美元*
优惠费率	10 000~100 000	3.7% + 0.30 美元*
	100 000以上	3.4% + 0.30 美元*

图 5-14　PayPal 交易手续费详情

2）提现手续费

PayPal 提现手续费=提现金额×3.9%+0.3 美元，那么按照收款的 1000 美元，扣除手续费 1000×3.9%+0.3=39.3（美元），到账的金额是 1000-39.3=960.7（美元）。

PayPal 提现手续费根据提现银行所在国家和地区的不同而不同（见表 5-1）。

若提现至美国的银行账户，美元到账且免收提现手续费；若提现到中国香港地区的银行账户，港币到账，1000 港币以上免收提现手续费，1000 港币以下收 3.5 港币的提现手续费。但是若 PayPal 原账户为美国的银行账户，则提现到香港账户收 2.5% 货币转换费；提现至中国内地的银行账户，美元到账按 35 美元/笔收取提现手续费，最低提现金额为 150 美元，认证之后的账户没有提现上限。未认证的 PayPal 账户的月收款不能超 500 美元，累计不超 3000 美元。

人民币到账，提现手续费费率 1.2%。不过自 2018 年 7 月 1 日起，PayPal 与连连支付停止快捷人民币提现业务。

表 5-1 PayPal 提现手续费详情

提 现 方 式	出 款 币 种	提现手续费
电汇至中国内地的银行账户	美元	每笔 35 美元
提现至中国香港地区的银行账户	港币	免费提现 1000 港币以下；提现 1000 港币及以上，每笔 3.5 港币
提现至美国的银行账户	美元	每笔 35 美元
通过支票提现	美元	每笔 5 美元

5.2.2 PayPal 平台跨境电商支付与结算业务的分类

PayPal 有三种不同类型的账户：个人账户（Personal Account）、高级账户（Premier Account）和企业账户（Business Account）。本节主要介绍 PayPal 平台跨境电商支付与结算业务的分类，以便用户能根据自己的需求选择适合的账户类型。根据 PayPal 不同的账户类型，其业务分类如下表 5-2 所示。

表 5-2 PayPal 的业务分类

账 户 类 型	账 户 用 途	账 户 说 明
个人账户（Personal Account）	适合买家，用于个人用途的小额交易	跨国银行间往来
高级账户（Premier Account）	适合卖家，用于个人商品交易收款	可以接受来自信用卡的付款，是进行跨境交易的卖家使用最广泛的账户
企业账户（Business Account）	适合商家，便于账户管理	具备高级账户的所有功能，支持多用户权限分配功能，方便账户管理和维护

PayPal 允许会员们同时持有一个个人账户和一个高级/企业账户。但是，两个账户之

间在邮箱地址、信用卡账号及银行账户等信息上必须是彼此独立、各不相同的。高级账户有一次降为个人账户的机会，用户必须通过客服人员办理。但高级账户降为个人账户后，如果再次接受来自信用卡的付款，个人账户则会自动升级为高级账户，不可以再降为个人账户。

5.2.3 PayPal 平台跨境电商支付与结算业务的流程

PayPal 使拥有邮箱地址的任何个人或企业能够安全、便捷、迅速地在线收款和付款，并且交易完全在线上完成，适用范围广，尤其受美国用户的信赖。接下来将介绍 PayPal 平台跨境电商支付与结算业务的流程及其优缺点。

1. PayPal 平台跨境电商支付与结算业务的流程

第一步，只要有一个邮箱地址，付款人就可以登录/开设 PayPal 账户，通过验证成为其用户，并提供信用卡或相关银行资料，增加账户金额，将一定数额的款项从其开户时登记的账户（如信用卡）转移至 PayPal 账户中。

第二步，当付款人启动向第三人付款程序时，必须先进入 PayPal 账户，指定特定的汇出金额，并提供受款人的邮箱地址给 PayPal。

第三步，PayPal 向商家或收款人发出电子邮件，通知其有等待领取或转账的款项。

第四步，如商家或收款人也有 PayPal 账户，其决定接受后，付款人所指定之款项即移转收款人。

第五步，若商家或收款人没有 PayPal 账户，则收款人需要依 PayPal 发出的电子邮件的内容指示进入网页注册，取得一个 PayPal 账户，收款人可以选择将收到的款项转换成支票寄到指定的处所、转入其个人的信用卡账户或转入另一个银行账户。

PayPal 可以在中国使用，但是通用货币为加元、欧元、英镑、美元、日元、澳元，如果使用人民币则不能直接交易。不过，现在 PayPal 有 PayPal 国际和 PayPal 中国两个版本，在中国使用 PayPal 中国版本即可。另外，PayPal 认证目前只支持中国工商银行、中国建设银行、中国招商银行的银联卡或 VISA 卡、MasterCard 卡；提现支持的银行卡比较多，有 13 家，包括中国银行、中国农业银行、中国建设银行、中国工商银行、中国交通银行等。

2. PayPal 平台跨境电商支付与结算业务的优缺点

优点：交易完全在线上完成；适用范围广，尤其受美国用户的信赖；收付双方必须都是 PayPal 用户，以此形成闭环交易，风控好。

缺点：手续费高，将外币提现为人民币的手续繁杂；对买家过度保护，卖家账户容易被冻结。

适用范围：适用于跨境电商零售行业，用于几十到几百美元的小额交易更划算。

5.3 国外跨境电商支付与结算平台之 Payoneer

5.3.1 Payoneer 平台的概况

Payoneer，俗称 P 卡，目前是亚马逊收款类官方唯一的合作伙伴，有美元、欧元和英镑三种币种的账户，所有币种均支持多平台店铺，个人和公司均可申请。Payoneer 以创新型金融科技为中小企业与专业人士提供货物与服务输出后的海外资金归结解决方案，无论是对于 B2C 平台收款还是 B2B 业务，其都是一站式收取并管理海外资金的最佳选择之一。作为主流平台如亚马逊、Airbnb、谷歌、Getty Images 等业界"大佬"官方合作伙伴，3500 多个对接平台机遇敞开在 Payoneer 的收款页面上。寻找 Payoneer 标识，可享受 2 小时到账的快捷。

目前，Payoneer 提供个人账户、公司账户两种身份类型选择。从功能上来说，两种账户差不多，基本都可以使用。除非有特别的要求，如亚马逊欧洲站、英国站考虑到 KYC（充分了解你的客户），建议注册公司账户。另外，Newegg、Lazada、京东海外站等平台只允许企业入驻。同样地，这些平台也要求注册公司类型的 Payoneer 账户，且需与该平台的注册信息保持一致。本节通过 Payoneer 的账户注册、Payoneer 的资金提现来介绍 Payoneer 平台。

1. Payoneer 的账户注册

Payoneer 包括有卡和无卡两种账户，有卡账户的管理费为每年 29.95 美元，无卡账户则不需要交纳年费。Payoneer 转账无汇损，提现到国内需约 1~2 个工作日，结汇无限制。接下来介绍如何注册 Payoneer 账户。

第一步，填写"个人信息"（用拼音填写），如图 5-15 所示。注意，在页面右上角可以选择语言，选"简体中文"。

如果要注册公司账户，那么账户类型就应选择"公司账户"，再依次以拼音填写图 5-16 中的信息。

设置公司账户时，所有条目右边都有小问号，点击一下可以看到提示，以下几点需要注意。

（1）公司名称。如果是中国内地的公司，则应按照营业执照上汉字的拼音来填写，不要自己去翻译成英文的。否则提款到公司账户时对不上，会比较麻烦。如果是中国香港的公司，则应按照《公司注册证书》上的英文版本的名字来填写。

（2）联系人姓名。不一定要填公司的法人代表或股东的姓名，如用户是负责账户管理的财务，那么可以写填用户的姓名的拼音。

图 5-15 填写"个人信息"

图 5-16 注册"公司账户"页面

第二步,填写"联系信息"(依旧用拼音填写),如图 5-17 所示。

图 5-17 填写"联系信息"

此页面填写的地址是账单地址,要详细到门牌号,否则会因为地址太笼统耽误审批进程。一行超过字符数可以分两行填写,依旧超字符数可以尝试去掉空格或简写。

第三步,填写"安全信息",如图 5-18 所示。

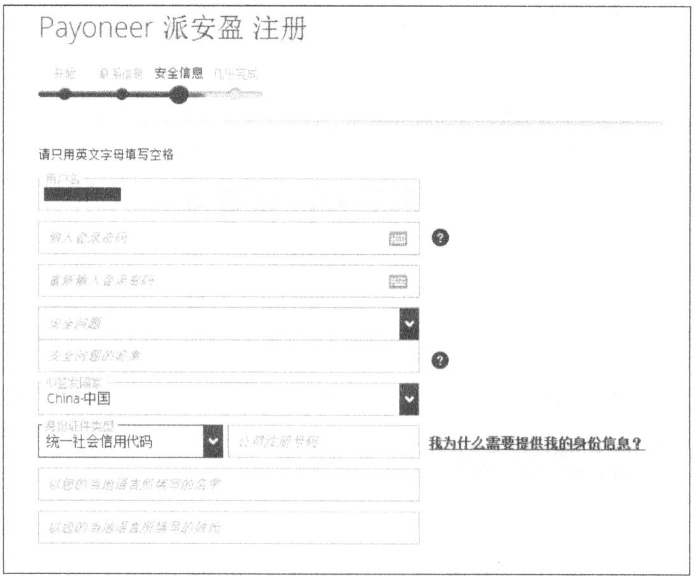

图 5-18 填写"安全信息"

填写"安全信息"时应注意：密码至少为七个字符，其中至少包含一个拉丁字母和一个数字。

第四步，填写"几乎完成"，添加当地银行的信息，如图 5-19 所示。提款到当地银行是 Payoneer 账户的重要功能。

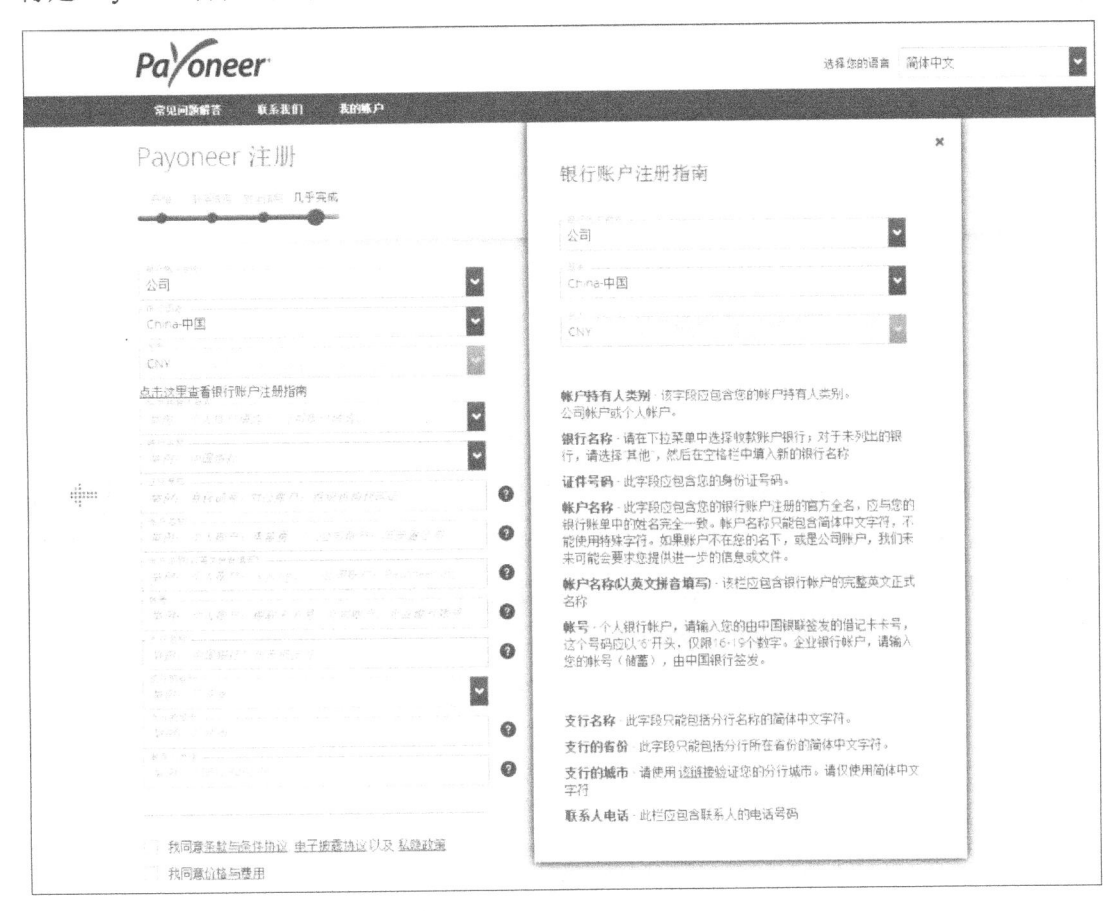

图 5-19 填写"几乎完成"

由于注册的是公司账户，应填写以下信息：公司法人、股东的国内个人银行卡（银行账户类型选择"个人"）；公司对公银行账户提现（银行账户类型选择"公司"）。

操作完毕之后点击"点击这里"按钮，查看关于账号、证件号码、支行信息的提示。在填写相关信息时，应按照系统提示填写。若灰色提示部分是中文，则应填写中文；若灰色提示部分是拼音，则应填写拼音；如果填写的是对公银行账号，则"证件号码"处填写组织机构代码证。

第五步，后续提交资料。填完"当地银行信息"，阅读你需要同意的政策，点击"完成"按钮，就会看到如图 5-20 所示的页面。

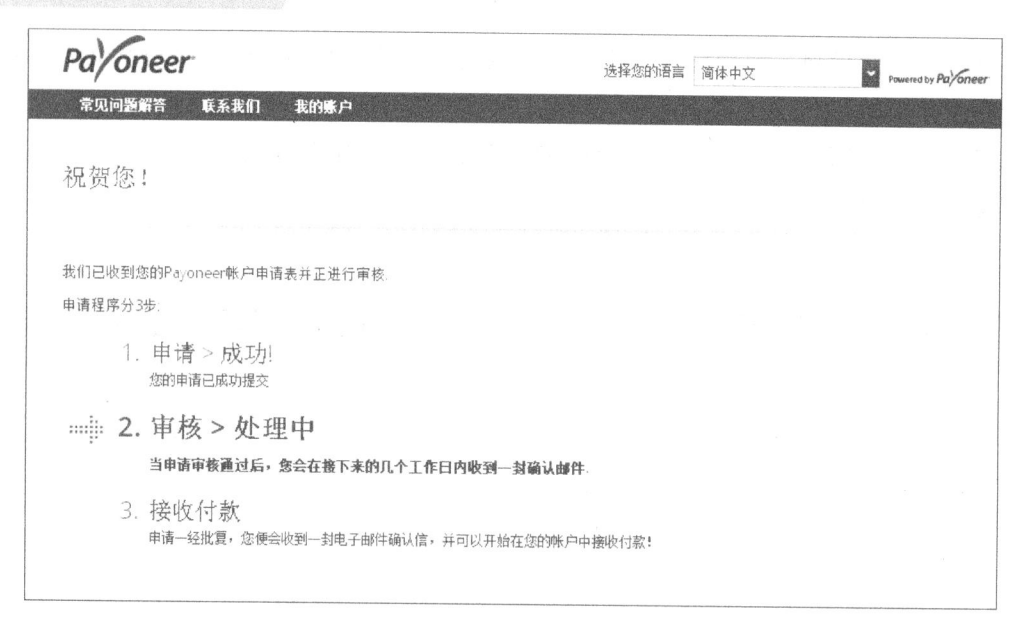

图 5-20　点击"完成"按钮后所示页面

注册完成之后再去注册邮箱中查收下面两封邮件。第一封邮件的标题为"Your Payoneer Application Has Been Received!",确认已经收到了已提交的资料,并告知用户名就是注册邮箱及系统参考号,如图 5-21 所示。这个系统参考号非常重要,电话联系客服的时候报这个系统参考号可以节省时间。

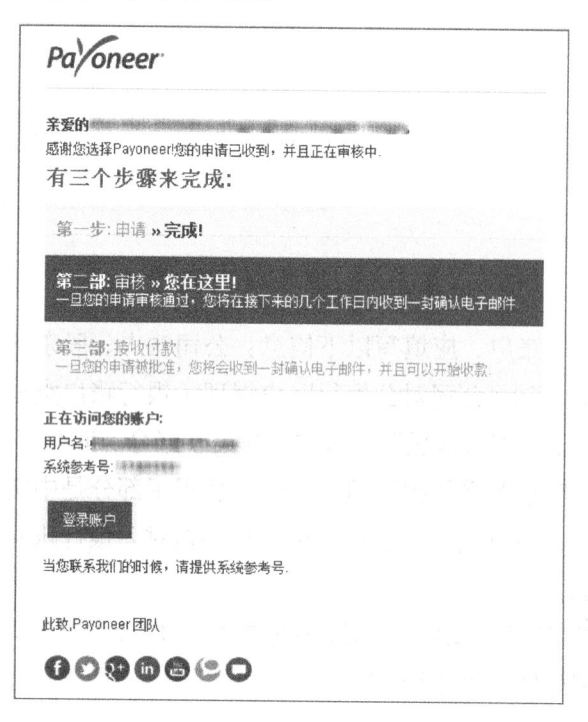

图 5-21　接收电子邮件提示

第二封邮件的标题是"Documents Required to Verify Your Bank Account"。点击"上传文件"按钮，确保文件清晰，如图 5-22 所示。根据 Payoneer 以往的要求，最好是彩色的扫描件、数码照片，大小为 1MB 左右。

图 5-22　点击"上传文件"按钮

图 5-23　点击"提交"按钮

最后，上传资料完毕之后，点击"提交"按钮就可以等待账户通过审核的邮件了（见图 5-23）。账户审批时间一般不超过 7 个工作日（普遍为两小时左右），用户可以随时登录 Payoneer。

2. Payoneer 的资金提现

第一步，点击"登录"按钮，进入 Payoneer 首页，如图 5-24 所示。

图 5-24　点击"登录"按钮，进入首页

第二步，在菜单中，点击"提款"按钮，进入提款到银行账户，如图 5-25 所示。

图 5-25　点击"提款"按钮，进入操作页面

第 5 章　国外跨境电商支付与结算平台

如果用户尚未添加用于提款的银行账户，用户将会看到一个页面，其中会给出关于如何将银行添加至 Payoneer 账户的指南。

第三步，选择希望提取资金的币种或卡片，如图 5-26 所示。

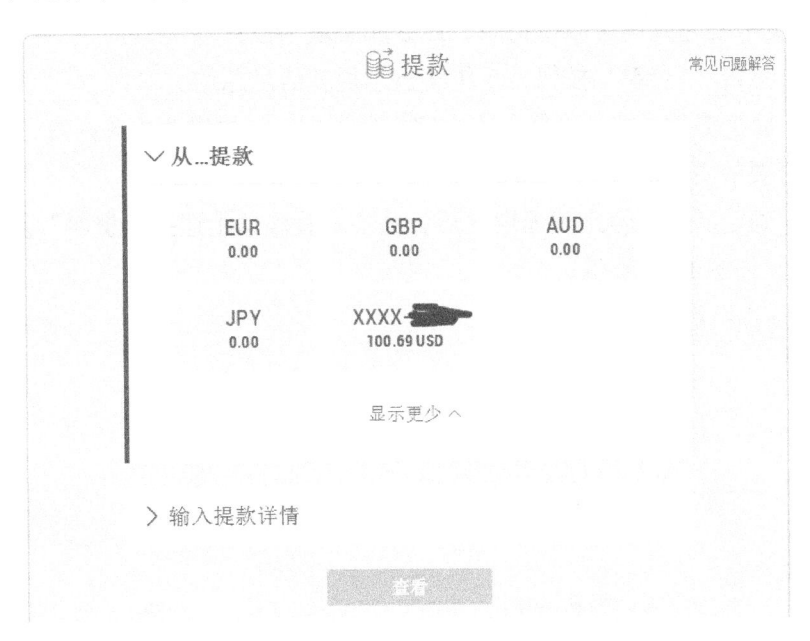

图 5-26　选择希望提取资金的币种或卡片

第四步，"输入提款详情"，如图 5-27 所示。

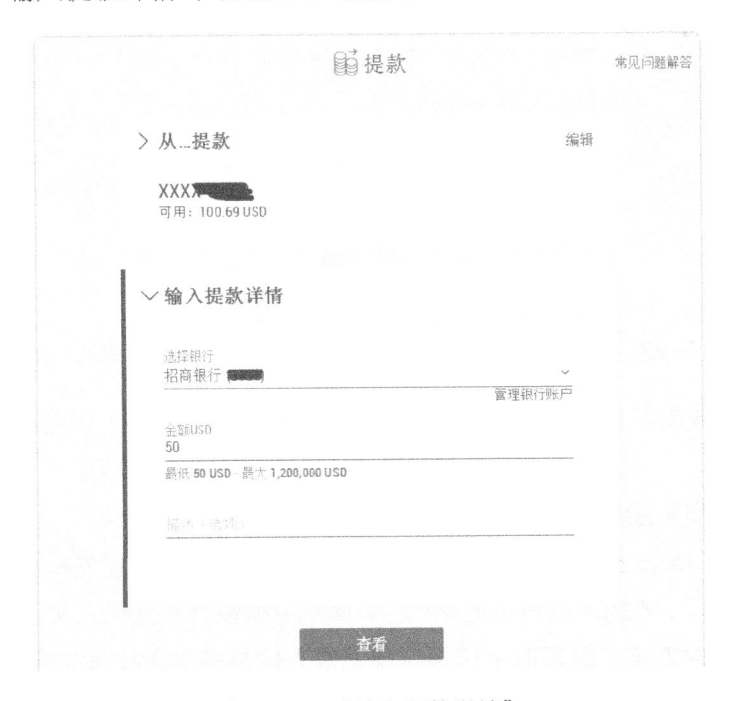

图 5-27　"输入提款详情"

"输入提款详情"时，图 5-27 中的三项填写内容如下：

① 选择想要资金被存入的银行账户；

② 输入希望提取的金额，可用余额显示在页面顶部；

③ 可根据需要输入信息以便记录，此处非必填字段；

第五步，点击"查看"按钮，系统将显示提款信息总结。

第六步，检查提款详情，确保所有内容正确无误。如果需要更改内容，点击"编辑"按钮并进行必要的更改。

第七步，确定所有内容正确无误之后，选中"我确认上述提款资料"复选框并点击"提款"按钮，如图 5-28 所示。

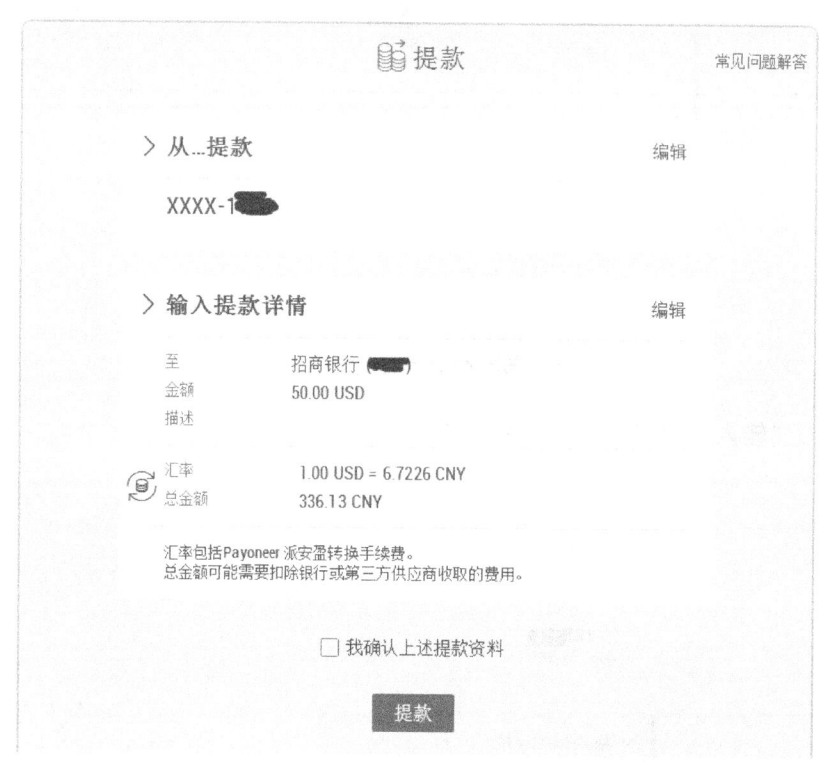

图 5-28　选中"我确认上述提款资料"复选框，点击"提款"按钮

第八步，完成提款操作之后，用户将收到一封确认电子邮件，资金将在 3~5 个工作日内到达账户。

Payoneer 提现手续费要注意以下两点。

第一，从 Payoneer 提现时采用的汇率是包含提现手续费的，要先扣除提现手续费（提现金额的 1.2%）后，才能算出真实汇率（汇率参照中国银行现汇买入价）。第二，Payoneer 提现采用的是实时汇率，提现时中国银行现汇买入价是多少就按多少来算。

5.3.2 Payoneer 平台跨境电商支付与结算业务的分类

上一节介绍了 Payoneer 平台的账号注册、Payoneer 平台的资金提现，本节将介绍 Payoneer 平台跨境电商支付与结算业务的分类。

Payoneer 是万事达卡国际组织授权的具有发卡资格的机构，又称派安盈，是主流电商平台收款通道，还为卖家提供提款到银行、MasterCard 实体卡、缴费物流、ERP 等服务商，以及 VAT 缴费等多种服务。

Payoneer 分为实体卡和虚拟账户。实体卡是预付 MasterCard 实体卡，具有提现和消费功能；虚拟账户则用于接收资金，具有收款功能。Payoneer 的虚拟账户已开放美元、英镑、欧元、日元、加拿大元、澳元收款，可在线接收美国公司、欧洲公司、日本公司的资金。

Payoneer 支持的跨境电商平台有亚马逊、Lazada、Wish、CDiscount、Newegg.Shopee、Tophatter、Linio、Jumia Price Minister、Bellabuy、Mobuy、Ensogo、京东等国内外热门跨境电商平台的资金，除了全球速卖通和 eBay，其他在国内招商的平台几乎都可以用 Payoneer 收款。基于此，Payoneer 的主要业务分类如下。

1. 支持多币种收款

Payoneer 支持多币种收款，包括美元、英镑、欧元、日元、加拿大元、澳元，并提供 KYC 审核所需文件。Payoneer 对接的合作伙伴来自各个领域，包括全球最为出色的自由职业者、度假租赁公司、电商平台及摄影网站。用户可使用 Payoneer 轻松收款至 Payoneer 账户，并灵活取用。

2. 电子邮件请求付款

给客户发送付款请求，轻松催款、追踪，客户可选择电子支票、银行转款或信用卡付款，便捷安全。

3. 提款至银行

人民币提款至中国内地的银行账户，或者港币、原币种提款至中国香港地区的银行账户，最快一个工作日到账。

4. 提供缴费服务

Payoneer 支持物流商、ERP 充值及 VAT 缴费，避免双重汇损，缴费可即时确认。

5. 免费转账

免费转账给其他 Payoneer 用户，支持 ATM 取现、实体店或网上消费。

5.3.3 Payoneer 平台跨境电商支付与结算业务的流程

用户使用第三方支付方式付款，都基于一定的跨境电商平台，Payoneer 也不例外。Wish 于 2011 年在硅谷成立，是一家高科技独角兽公司，有 90%的卖家来自中国，也是北美和欧洲最大的移动电商平台。Wish 使用优化算法大规模获取数据，并快速了解如何为每个客户提供最相关的商品，让消费者在移动端便捷购物的同时享受购物的乐趣，被评为硅谷最佳创新平台和欧美最受欢迎的购物类 App。Wish 平台宣布携手 Payoneer，优化卖家高效快捷的收款和提现服务，推出"提前放款"服务，可以提前 30 天发放 Wish 店铺对应的待发放款项，提高资金流转速度。

下面以 Wish 平台为例，来介绍 Payoneer 平台跨境电商支付与结算业务的流程。

1. Wish 卖家使用 Payoneer 收款的流程

第一步，登录 Wish 商户平台，选择支付信息，提供商选择"Payoneer"，点击"注册"按钮，如图 5-29 所示。

图 5-29 登录 Wish 商户平台，选择支付信息

第二步，用户如果没有 Payoneer 账户，则需要进行注册，如图 5-30 所示。

第三步，用户如果已经有 Payoneer 账户，则直接登录，填写"用户名"和"密码"，即可完成绑定，如图 5-31 所示。

第四步，完成 Payoneer 账户绑定之后，即可选择 Payoneer 账户作为其付款账户，进而完成跨境交易。同时，用户将自动在 Wish 放款日当天收到货款，资金入账时会有邮件提醒。

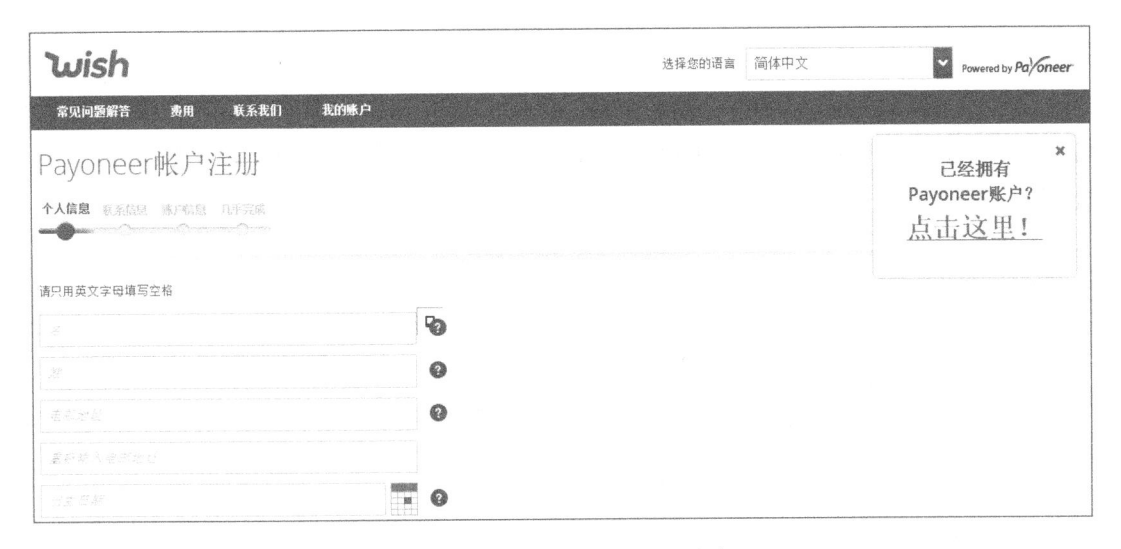

图 5-30　注册 Payoneer 账户

图 5-31　点击"登录"按钮，使用已有的 Payoneer 账户

5.4　其他国外跨境电商支付与结算平台

跨境电商支付与结算平台是具有一定信誉和实力，且独立于商家和银行为境内/外的消费者提供有限服务的支付机构。国外第三方支付产业的起源略早于我国，并保持了高速发展。由于各国的政策及市场条件不同，不同国家与地区的第三方支付产业呈现不同

的发展状况。

除了前文中介绍的 PayPal、Payoneer，国际上还有众多日益发展壮大的跨境电商支付与结算平台，本节将介绍 Western Union、WorldFirst、MoneyGram 等其他国外跨境电商支付与结算平台。

5.4.1 Western Union

西联国际汇款公司（Western Union）简称西联汇款，是世界领先的特快汇款公司，迄今已有 150 多年的历史。它拥有全球最大、最先进的电子汇兑金融网络，代理网点遍布全球近 200 个国家和地区。

1. 西联汇款的付款流程

西联汇款分为现金即时汇款和直接到账汇款两类。现金即时汇款有三种方式：代理西联汇款业务的网点、网上银行（目前支持光大银行和农业银行）和银联在线。西联汇款的付款流程如下。

第一步，在网点填妥"西联汇款申请书"。

第二步，递交填妥的表格、汇款本金、汇款手续费及个人有效身份证件，既可以持外币汇款，也可以以人民币购汇汇款。

第三步，汇款完成后，汇款人会收到一张印有汇款监控号码（MTCN）的收据，汇款人须准确通知收款人有关汇款人姓名、汇款金额、汇款监控号码及发出汇款国家等信息。为确保汇款安全，勿将监控号码泄露给除收款人外的其他人。

第四步，数分钟后，收款人可于收款国家的代理西联汇款业务的网点提取汇款。

第五步，每笔汇出汇款都要填写"境外汇款申请书"进行国际收支申报。

2. 西联汇款的收款流程

作为出口商，当客户汇款过来后，要了解在银行取款的流程，具体的流程如下。

第一步，确保汇款是由境外已获授权的代理西联汇款业务的网点发出的，并与汇款人核实汇款人姓名、汇款金额、汇款监控号码及发出汇款国家。

第二步，收到汇款人通知后，就近到代理西联汇款业务的网点兑付汇款。

第三步，提交填妥的"收汇申请书"，出示有效身份证件。

第四步，提取汇款及取回收据。

第五步，对于境外个人的每笔汇款及境内个人等值 2000 美元以上（不含）的汇款，还需要填写"涉外收入申报单"进行国际收支申报。

3. 签名并接收收据

在确认收据上的所有信息均无误之后，收款人需要签收一张收据。收据所打印的内容之一是 MTCN，以及使用 MTCN 联机（在网上）跟踪汇款的状态。确认汇款已经到位后，收款人随时可以取款。在前往代理西联汇款业务的网点之前，收款人应确保汇款已经可以提取，既可以直接联系汇款人确认，也可以在网上跟踪汇款状态，还可以拨打中国地区热线 4008199377 进行咨询。如果收款人第一次使用直接汇款至中国的银行卡账户的服务，则应在中国时间 8:00～20:00 拨打中国服务热线 4008190488，核实如下信息：收款人的中文名字、MTCN、收款人的有效身份证号码、收汇银行的名称和银行卡账号。同一收款人此后通过同一银行卡账户使用直接到账汇款服务，则不需要再拨打中国地区服务热线核实必要信息。但如果收款人的必要信息有所改变，则需要拨打中国地区服务热线核实其必要信息。

西联汇款的特点如表 5-3 所示。

表 5-3 西联汇款的特点

项 目	内 容
费用	汇款手续费由买家承担；需要买卖双方到当地银行实地操作；在卖家未领取钱款时，买家可以将支付的资金撤回
优点	1. 手续费由买家承担； 2. 对于卖家来说最划算，可先提钱再发货，安全性高； 3. 到账速度快
缺点	1. 由于对买家来说风险极高，买家不易接受； 2. 买家和卖家需要去西联汇款的线下柜台操作； 3. 手续费较高
适用范围	10 000 美元以下的小额支付

5.4.2 WorldFirst

WorldFirst，中文名为万里汇，国内一般简称 WF、WF 卡。WorldFirst 是一家注册于英国的顶级国际汇款公司，用它可以方便地从亚马逊、eBay 等电商平台接收海外款项（支持美元、欧元、英镑、加元、日元、澳元和新西兰元），提现只收提现金额 1% 封顶的手续费。WorldFirst 支持公司申请或个人申请，以公司名义注册的 WorldFirst 账户，可以支付（提现）到本公司名下的对公银行账户或法人的银联卡中（开户时需通知经理），称为公司账户；以个人名义注册的 WorldFirst 账户，只能支付（提现）到本人名下的个人银行账户中，称为个人账户。

决定用公司还是个人名义注册 WorldFirst 账户，取决于用户想用谁的国内银行账户来收款，与用户使用什么名义在亚马逊开店没有任何关系或影响。以公司名义申请的亚马逊账户不一定要以公司名义注册 WorldFirst 账户，也可以以法人或受益人名义注册私人 WorldFirst 账户。只要准备个人身份证即可注册 WorldFirst 个人账户。

1. WorldFirst 账户的注册申请流程

第一步，点击进入如下中文注册界面。如果要用 WorldFirst 账户收取 B2B 外贸货款，选左侧选项（仅支持公司注册）；如果要用 WorldFirst 账户收取亚马逊、CDiscount 等电商平台及 eBay 或自建站的外贸货款，请选右侧选项（个人/公司皆可注册）。跨境电商交易多以跨境电商平台为主，因此我们选择点击右侧链接"免费注册收款账户"，如图 5-32 所示。

图 5-32　点击右侧链接"免费注册收款账户"

第二步，填写"姓名""电子邮件地址"等基本资料。用户根据身份证上的姓名用拼音填写真实姓名，再设置登录 WorldFirst Online（WF 后台）的"用户名"和"密码"，以及后续和 WorldFirst 官方交流的"手机号码"，如图 5-33 所示。

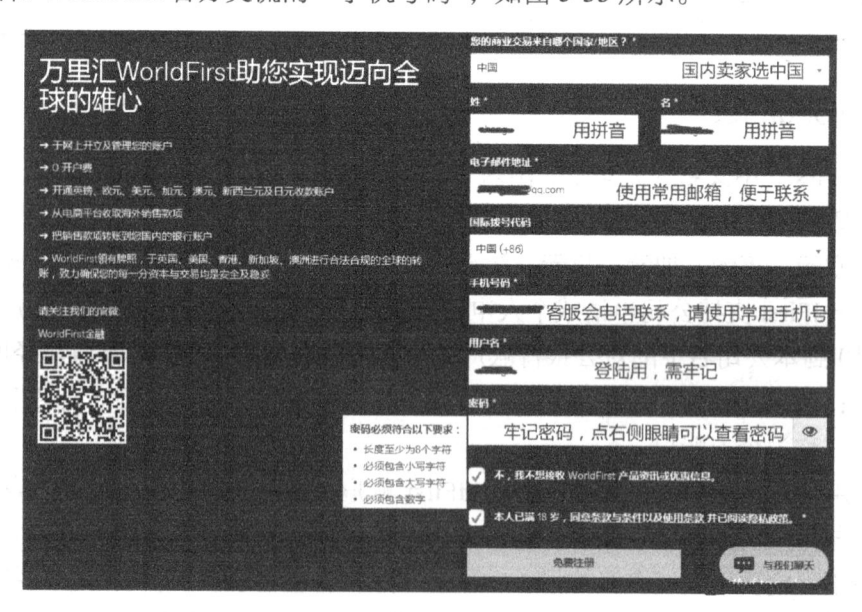

图 5-33　填写基本资料，勾选同意条件，点击"免费注册"按钮

第三步，继续填写详细信息。选择"先生""小姐"等称谓，以及"出生日期"和"国家/地区"，地址用英文或拼音书写，然后点击"下一步"按钮，如图5-34所示。

图 5-34 继续填写详细信息

第四步，选择账户类型（公司账户还是个人账户）。如果选择"个人账户"，填写完销售商品，点击"下一步"按钮。如果选择公司账户，那么需要在完善股东和公司详细信息后点击"下一步"按钮（公司账户最后两个地址按实际情况填写，如果不同则需要填上不同的地址），如图5-35和图5-36所示。

图 5-35 选择"个人账户"，填写相关信息

图 5-36 选择"公司账户",填写相关信息

第五步,提交身份信息。选择注册"个人账户"或"公司账户",完成了上面的步骤后,都会跳到这一步。在被要求提供身份信息时,选择"我将稍后提供"选项,如图 5-37 所示。后续按要求将资料提交给 hkpartnerships@worldfirst.com ,否则有可能导致注册失败。

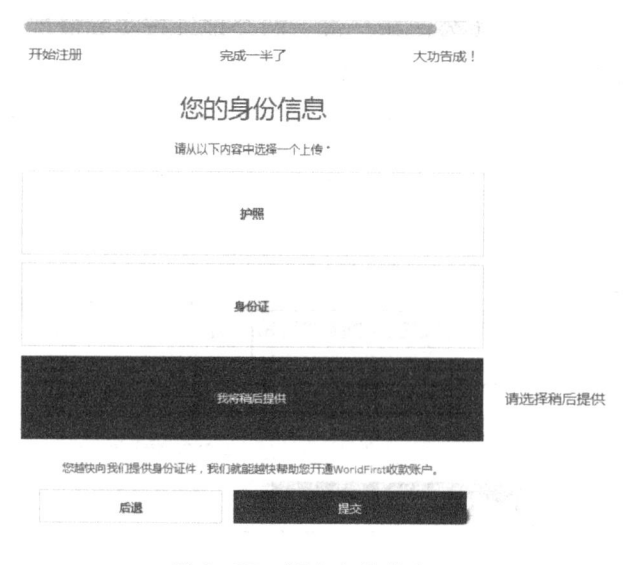

图 5-37 提交身份信息

第六步，网上注册完成。若出现如图 5-38 所示的页面，则表示用户在网上注册成功，用户会收到一封邮件，告知其网上注册成功并提示其注册用户名。

图 5-38　网上注册完成页面

同时用户也会收到 WorldFirst 的注册确认邮件，用户应在接下来的一天内注意查看电子邮件或接听电话。

图 5-39　注册确认邮件

第七步，提供其他资料。网上注册完成后，还需要提供一些资料。用户应将注册的姓名、手机号和邮箱等基本信息，以及伙伴公司名字、注册账户种类、客户名字、联络号码、注册电邮、邮编、申请币种等发送到邮箱（hkpartnerships@worldfirst.com）。

2. WorldFirst 绑定国内银行账户

从跨境电商平台收取的资金，进入 WorldFirst 账户以后，如何将这些资金提现到国内银行账户呢？这就需要在 WorldFirst 后台添加国内银行账户信息。接下来介绍如何绑定国内银行账户。

第一步，登录 WorldFirst 后台，点击左侧导航栏：收款人—创建新收款人，如图 5-40 所示。

图 5-40　登录 WorldFirst 后台

第二步，选择收款银行所在地，点击"继续"按钮，如图 5-41 所示。

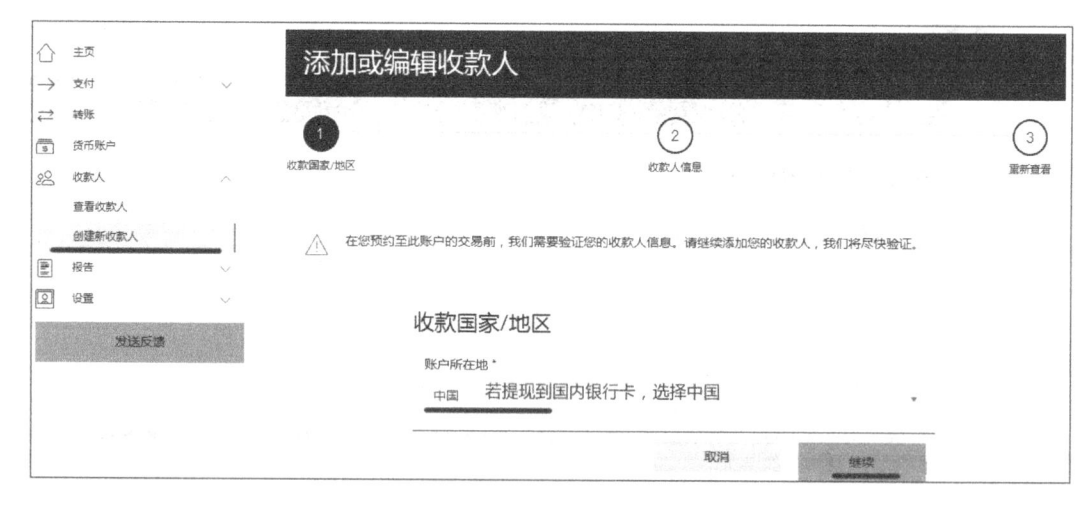

图 5-41　选择收款银行所在地

第三步，填写用于提现的国内银行账户信息，如图 5-42 所示。

第四步，等待人工审核通过，一般需要 1~2 个工作日。添加的国内银行账户审核通过后，用户即可开始将 WorldFirst 资金提现到国内银行账户。

图 5-42　填写用于提现的国内银行账户信息

5.4.3　MoneyGram

速汇金汇款（MoneyGram）是 MoneyGram 公司推出的一种快捷、简单、可靠及方便的国际汇款方式，目前该公司在全球 150 个国家和地区拥有总数超过 5000 个的代理网点。收款人凭汇款人提供的编号即可收款。MoneyGram 的特点如表 5-4 所示。

表 5-4　MoneyGram 的特点

项　目	内　　容
费用	外转账费率，单笔速汇金最高汇款金额不得超过 10 000 美元（不含），每天每个汇款人的速汇金累计汇出最高限额为 20 000 美元（不含）
优点	1.速汇金汇款在汇出后十几分钟即可到达收款人手中； 2.在一定的汇款金额内，汇款的费用相对较低，无中间行费，无电报费； 3.手续简单，汇款人无须选择复杂的汇款路径，收款人无须预先开立银行账户，可实现资金划转
缺点	1.汇款人及收款人均必须为个人； 2.必须为境外汇款； 3.进行境外汇款必须符合国家外汇管理局对于个人外汇汇款的相关规定； 4.客户如持现钞账户汇款，还需交纳一定的钞转汇的手续费，国内目前只有工行、交行、中信银行 3 家代理了速汇金收付款服务

本章小结

基于跨境电商的蓬勃发展，国内外第三方支付机构如雨后春笋般发展起来。国内的跨境电商支付与结算平台发挥着越来越重要的作用，国外跨境电商支付与结算平台也在扩大其业务领域，其发展经验为我们带来了启示。

本章对国外跨境电商支付与结算平台的发展现状、发展经验及对我们的启示进行了介绍，同时介绍了 PayPal、Payoneer、Western Union、WorldFirst、MoneyGram 等其他国外跨境电商支付与结算平台。PayPal 是全球使用最为广泛的第三方支付工具之一，针对具有国际收付款需求的用户设计账户类型。它能帮助用户进行便捷的外贸收款、提现与交易跟踪；进行安全的国际采购与消费；快捷支付并接收包括美元、加元、欧元、英镑、澳元和日元等 25 种国际主要流通货币。Payoneer 主要提供多币种收款、电子邮件请求付款、提款至银行、缴费服务、免费转账等业务。用户可通过 Payoneer 开通各类币种的收款账号，直接接收来自全球各大企业和平台的款项，涵盖美国、英国、欧盟、日本、中国、加拿大和澳大利亚等国家。Western Union 是世界领先的特快汇款公司，迄今已有 150 多年的历史。它拥有全球最大、最先进的电子汇兑金融网络，代理网点遍布全球近 200 个国家和地区。

国外的第三方支付发展可分为两个阶段，一个是随着个人电商市场的发展，起源、壮大和成熟的阶段；二是不断向垂直化、外部专业化电商网站深入拓展的阶段。不断壮大的跨境电商支付与结算平台给用户带来了便利，促进了世界经济的共同发展，同时也带来了一定的风险与挑战，需要各个国家和地区在政策上、技术上加以完善。

课后习题

一、多项选择题

1. 针对当前我国第三方支付平台发展中存在的管理主体单一、理论水平偏低、技术水平不高等问题，有哪些启示和建议？（　　）

  A. 提高支付系统安全水平　　B. 完善制度体系建设
  C. 创新行业监管模式　　　　D. 建立多平台联动机制

2. 下列哪些国际信用卡属于银行联合六大国际信用卡组织发行的具备跨境支付功能的卡？（　　）

  A. 威士国际组织　　　　　　B. 万事达卡国际组织
  C. 美国运通国际股份有限公司　D. 中国银联股份有限公司

3. PayPal 有哪些类型的账户？（　　）

A．个人账户　　　　　　　　　　B．高级账户

　　C．一般账户　　　　　　　　　　D．企业账户

4. PayPal 跨境支付的优点是（　　）。

　　A．交易完全在线上完成

　　B．适用范围广，尤其受美国用户信赖

　　C．收付双方必须都是 PayPal 用户，以此形成闭环交易，风控好

　　D．手续费低

5. 下面哪些选项属于 Payoneer（P卡）的主要业务分类？（　　）

　　A．支持多币种收款　　　　　　　B．电子邮件请求付款

　　C．提款至银行　　　　　　　　　D．提供缴费服务

6. 西联汇款的优点有（　　）。

　　A．买家容易接受

　　B．手续费由买家承担

　　C．对于卖家来说最划算，可先提钱再发货，安全性高

　　D．到账速度快

7. MoneyGram 的缺点有（　　）。

　　A．汇款人及收款人均必须为个人

　　B．必须为境外汇款

　　C．进行境外汇款必须符合国家外汇管理局对于个人外汇汇款的相关规定

　　D．客户如持现钞账户汇款，还需要交纳一定的钞转汇的手续费

二、判断题

1. PayPal 的提现方式主要有两种，一种是通过 PayPal 官方合作伙伴连连支付提现，另一种是电汇。　　　　　　　　　　　　　　　　　　　　　　　　（　　）

2. PayPal 账户降为个人账户后，如果再次接受来自信用卡的付款，个人账户则会自动升级为高级账户，可以再次降为个人账户。　　　　　　　　　　　　（　　）

3. Payoneer 现在分有卡和无卡账户两种，有卡账户管理费为每年 29.95 美元，无卡账户则不需要交纳年费。　　　　　　　　　　　　　　　　　　　　　（　　）

4. 第三方跨境支付平台是具有一定信誉和实力，且独立于商家和银行为境内/外的消费者提供有限服务的支付机构。　　　　　　　　　　　　　　　　　　（　　）

5. 决定用公司还是个人身份注册 WorldFirst，取决于用户想用谁的国内银行账户来收款，对用户使用什么名义在亚马逊开店是有影响的。　　　　　　　　（　　）

三、简答题

1. 国外跨境电商支付与结算平台的发展经验对我国支付行业有何启示？
2. 简述 PayPal 平台的跨境支付流程。
3. Payoneer（P 卡）的主要业务分类有哪些？
4. 简述 WorldFirst 账户的注册申请流程。

第6章 跨境电商支付与结算的金融分析

学习目标

- 了解跨境电商支付与结算的金融含义；
- 了解我国跨境电商支付与结算的金融现状及发展前景；
- 了解我国跨境电商支付与结算的模式及金融因素；
- 了解我国跨境电商支付与结算中的金融风险及防控。

学习重难点

- 重点：我国跨境电商支付与结算的模式及金融因素；
- 难点：我国跨境电商支付与结算中的金融风险及防控。

本章思维导图

```
                    跨境电商支付与结算的金融分析
                                │
         ┌──────────────────────┼──────────────────────┐
         │                                             │
                                    跨境电商支付与结算金融概述
                                        ├── 跨境电商支付与结算金融的认知
                                        └── 我国跨境电商支付与结算金融的现状及发展前景
  跨境电商支付与结算的模式及金融因素
    ├── 我国跨境电商支付与结算模式
    └── 我国跨境电商支付与结算的金融因素
                                    跨境电商支付与结算的金融风险及防控
                                        ├── 我国跨境电商支付与结算的金融风险
                                        └── 我国跨境电商支付与结算的金融风险防控
```

6.1 跨境电商支付与结算金融概述

6.1.1 跨境电商支付与结算金融的认知

虽然跨境电商迅猛发展，但是跨境电商支付与结算金融仍然是一个新生领域，目前在理论界尚未形成非常明确的、能够被广泛接受的权威界定。人们对跨境电商支付与结算金融的认识和理解仍处于不断发展中。但一般认为，从金融角度来讲，跨境电商支付与结算指的是两个或两个以上的国家或地区因跨境电商交易所产生的债权债务，借助一定的支付方式以及结算工具，实现资金跨国转移的一系列行为。简单来说，就是中国消费者通过跨境电商网站购买了国外的产品，或者外国消费者购买了中国商家的产品，由于币种不同及不同国家或地区各自的支付方式不同，需要通过一定的支付手段和支付系统及资金结算的方式来实现国家与国家之间的资金转换，从而完成交易。跨境电商支付与结算从金融角度来讲主要包含三大业务，分别是跨境收单、汇款、结售汇。

1. 跨境收单

跨境收单即帮助一个国家的商家向另一个国家的客户收钱，可以将其理解为狭义的跨境支付，具体包括以下几项。

1）外卡收单

外卡收单即帮助中国商家收取外国消费者的货款，出现在出口业务中，用的是外国的信用卡或其他支付工具。

2）境外收单

境外收单即商家在境外，消费者在境内，出现在进口业务中，如海淘等。

3）国际收单

国际收单即商家、消费者和支付机构分属不同的国家，如 PayPal 在中国开展跨境支付业务的情况。国际收单业务主要服务于 B 端商家，支付机构不需要建立账户体系，其核心是在商家和收单行之间建立联系，通过网关进行账户信息和支付指令的加密传输。

跨境收单业务的一个明显的特点是前台支付工具本土化。支付工具直接面对 C 端消费者，具有品牌属性。

从全球来看，VISA 卡、MasterCard、JCB 卡等国际信用卡使用得较为普遍；而在中国，银行卡、中国银联、支付宝、财付通等使用得较为普遍。除此之外，全球各地有大量的本土化的支付工具和区域化的支付品牌，以适应当地的语言、文化及风格。

就中国的进口业务来说，收单环节在境内，国内的第三方支付机构具有明显的优势。

跨境支付的买家通常在线上进行支付，其常用的支付方式包括中国银联、支付宝、财付通及国际信用卡等。出口业务的收单环节在境外，为了方便买家支付，提高交易成功率，提供本土化的支付工具对于卖家来说至关重要，第三方支付机构要尽量多地接入全球各种支付机构，以满足客户需求。

2. 汇款

汇款在大部分国家需要牌照，专业汇款公司以西联汇款、速汇金等为代表，但这类机构的市场份额正在减少，而 PayPal、Payoneer 和 WorldFirst 等支付机构日渐成为跨境汇款的主流机构。中国的跨境支付机构正在与这些外资企业争夺市场份额。国际支付机构具有一定的先发优势，目前掌握较多的大客户资源。

3. 结售汇

结售汇指的是持有牌照的第三方支付机构，可以在国内开展结汇和售汇，赚取汇差。跨境电商出口的产品的特点是高频次，中低额度，对价格、速度和便利性敏感。传统的电汇太慢、太贵，银联国际聚焦于线下，用国际信用卡收款费用高且收款不方便，而第三方支付方式更加便于切入消费场景，凭借技术手段降低了金融服务的成本和门槛，提高了服务频次，扩大了金融服务的受众群体，不断优化 C 端的客户体验，并针对不同行业的 B 端商家定制支付综合解决方案，解决了传统模式的痛点。在此背景下，第三方支付机构正逐渐占据更多的市场份额。跨境支付涉及不同国家和地区不同的支付方式及货币，监管要求和环境差异大，第三方支付机构需要在开展业务地区获得本地相关支付牌照。

6.1.2 我国跨境电商支付与结算金融的现状及发展前景

1. 我国跨境电商支付与结算金融的现状

1) 跨境电商支付方式日渐多元化

在第三方支付方面，我国跨境电商平台采用国际支付宝收款，该方式兼容信用卡、银行电汇、Moneybookers、借记卡等类型。采用第三方支付时，通过美元通道或者人民币通道，可以直接将收付的资金发送到卖家国内账户或银行卡，具有费用低、安全系数相对较高等优势。在支付工具方面，我国敦煌网、Aliexpress、eBay、慧聪网等跨境电商平台多采用 VISA/MasterCard、PayPal 等线上支付方式。另外，海外本地支付同样是我国跨境电商独立网站对接的国外支付方式。目前，我国跨境电商平台已接入俄罗斯 Yandex、德国 Giropay 及巴西 Boleto 等支付工具，大幅增加了境外贸易额。

2)跨境电商支付业务与国际市场深入对接

发展至今,我国跨境电商支付业务伴随跨境电商贸易的增长,进一步加深了与国际市场的联系。以我国跨境电商平台敦煌网为例。敦煌网可以接收来自任何国家的付款,除了使用信用卡支付,通过敦煌网买家还可以通过银行转账进行付款。同时,敦煌网与国外许多支付机构(如 Moneybookers、GlobalCollect、Western Union、WorldPay 等)保持着长期的合作关系,在多个国家开通了本地付款方式。另外,敦煌网通过支付合作机构,为买家提供了众多国家的银行转账账户,买家只需要通过电子银行向指定银行账户转账即可完成付款,并且可免除跨国转账的手续费。

3)跨境电商支付的监管政策逐步完善

近年来,我国为有效解决跨境电商支付环境的多重问题,发布了一系列关于跨境电商支付的监管政策。例如,2015 年,国家外汇管理局发布的《国家外汇管理局关于开展支付机构跨境外汇支付业务试点的通知》等文件指出,跨境支付机构在具备支付牌照且在互联网支付经营范围内的情况下,可以为跨境电商提供外汇资金收付与结算业务。2018 年,中国海关总署发布的《关于规范跨境电子商务支付企业登记管理的公告》指出,跨境电子商务支付企业在向海关办理注册登记或信息登记手续时,需要提交中国银保监会颁发的"金融许可证"复印件;非银行支付机构提交中国人民银行颁发的"支付业务许可证"复印件。自这些监管政策实行以来,部分跨境电商支付机构由于缺乏相关证件而受到了惩罚。

2. 我国跨境电商支付与结算金融的发展前景

1)第三方支付推动跨境支付体系多元化发展

随着移动互联网的发展,支付组织、支付介质、支付渠道、支付账户形式及支付模式等都发生了很大的变化。第三方支付机构大量涌现,电子票据逐渐取代纸制票据,银行卡成为主要的支付工具,无卡支付正蓬勃发展,手机银行、电话银行和微信银行等新兴支付渠道不断涌现,支付账户从传统的银行账户发展到第三方支付账户,中国现代化支付体系呈现多元化、多样化、多层次的发展态势。

以前国内进行跨境支付的支付机构主要是中国银联,随着国家鼓励第三方支付的政策不断出台,支付宝等第三方支付机构为跨境购物、汇款以及境外移动支付提供了重要的支撑,同时我国消费者越来越习惯手机支付的便捷支付方式,我国第三方支付交易规模快速增长。

2)跨境支付机构的增值服务将趋向多元化

当前,中国跨境支付的费率普遍低于 1%。跨境支付费率较低,在一定程度上挤压了跨境机构的盈利空间。同时,中国第三方支付市场趋于饱和,行业竞争压力较大,企业获利空间较小,因此追求新的利润增长点成为必然趋势。在寻求新的利润增长点过程中，部分具有较强竞争实力的跨境支付企业，基于自身业务资源、资本厚度等优势，以跨境支付为核心，以现代科技为技术手段打造多元化的增值服务。

跨境支付机构通过向产业链纵深，促进增值服务日趋多元化，从而增强用户黏性，提高企业自身的核心竞争力。一方面，基于大数据等现代技术，跨境支付机构针对跨境电商提供出口退税、通关和仓储物流解决方案，满足跨境电商企业的多元化业务需求。另一方面，跨境支付机构可为商家提供销售页面、营销、支付等本地化服务。例如，PayPal针对个人、商家等不同客户群体提供不同的跨境支付方案，同时提供多方位的增值服务，包括外贸建站、营销推广、物流仓储、外贸学堂等。

随着跨境支付行业规模的不断扩大，跨境支付机构拥有以跨境支付为核心的多元化增值服务商业模式，将能够提升企业竞争优势、扩大企业盈利空间，进而在激烈的市场中脱颖而出。

6.2 跨境电商支付与结算的模式及金融因素

我国跨境电商支付与结算有四种不同模式，每种模式具有不同的特点，适用于不同的支付场景。另外，我国跨境支付受跨境支付许可、汇率及外汇管制等金融因素的影响。

6.2.1 我国跨境电商支付与结算的模式

目前，我国跨境电商支付业务为国内大众所熟知的主要有四种模式，分别是银行电汇、银联国际、国际信用卡组织和第三方支付机构。这四种支付模式的比较如表6-1所示。

表6-1 跨境支付的四大模式比较

跨境支付模式	特点	主要应用场景	盈利模式
银行电汇	最早出现，是传统跨境贸易的支付方式，一般通过SWIFT通道传输数据	跨国银行间往来	电报费+手续费+中转费 报价：百分比+特定费用
银联国际	采用EMV标准，海外成员行可通过银联国际的体系和中国境内持卡人进行资金清、结算	线下POS刷卡	手续费费率：1.5%~2%
国际信用卡组织	以VISA卡、MasterCard为主，多用于以下两大类交易：POS线下及MOTORPay	线上海淘交易	手续费费率：1%~2%（欧洲）；1.8~3%（亚太地区）
第三方支付机构	最晚进入，需拥有支付牌照+支付业务许可证，支持全链条交易，实现业务化零为整、监管化整为零	B2C小额跨境支付	手续费费率（最低）：1%~1.5%

1. 银行电汇

银行电汇是最早采用并延续至今的一种跨境汇款方式，通过银行柜台或网上银行都可以办理，适合大额跨境汇款。

银行电汇普遍采用 SWIFT 通道实现跨境汇款。SWIFT 是国际银行同业间的国际合作组织，1977 年 SWIFT 在全世界就拥有会员国 150 多个，会员银行 5000 多家，每家会员银行拥有唯一的 SWIFT Code，作为银行间电汇或汇款的银行代号。中国银行于 1983 年加入 SWIFT，是 SWIFT 的第 1034 家会员银行，并于 1985 年 5 月正式开通使用，成为我国与国际金融标准接轨的重要里程碑。之后，我国各国有商业银行及上海和深圳的证券交易所，也先后加入 SWIFT。进入 20 世纪 90 年代后，除国有商业银行外，我国所有可以办理国际银行业务的外资和侨资银行以及地方性银行纷纷加入 SWIFT。SWIFT 的使用也从总行逐步扩展到分行。

一般情况下，银行电汇除手续费外还收取电报费，部分银行在全额到账之后还会加收 25 美元左右的费用。但是，各大银行对于电汇手续费一般都有上限规定，因此更适合大额汇款与支付。以建设银行为例，按汇款金额的 0.10% 收取手续费（最低 50 元，最高 300 元），另外加收 80 元的电报费。同时，电汇的交易进度较慢，一般需要 2~3 个工作日汇款才能到账。

随着网上银行的普及，电汇业务也从线下延伸至线上，极大地提高了银行电汇的便利性。如果拥有汇出银行的银行账户，汇款人可直接通过网上银行办理跨境汇出业务。跨境汇款网银渠道的开通，增加了银行电汇业务的便利性，提高了业务办理的速度，汇款人也能随时追踪汇款进度。

此外，在银行或邮局还可以通过西联汇款等专业汇款公司进行跨境汇款支付。中国建设银行、中国邮政储蓄银行、中国光大银行、徽商银行、浦发银行等多家银行都是西联汇款的合作伙伴。

专业汇款公司相对传统银行汇款优势明显，汇款到账速度可缩短到几分钟，手续费也相对低廉。一般 15 分钟左右就能实现跨境汇款到账，且手续费一般为 15~40 美元，无须支付钞转汇及中间行的费用。此外，汇款人也无须开设银行账户，只需提供身份证明、填写汇款单据、支付汇款费用就可以得到汇款密码。收款人只需持身份证明和汇款密码即可收款。专业汇款公司的代理网点众多，不限于银行办理。例如，中国邮政储蓄银行就在各大城市都设立了专门的西联业务旗舰店。

然而，专业汇款公司的不足之处也很明显。首先，专业汇款公司按照每笔业务收费，因此，其不适合小额、高频的跨境转账汇款。其次，西联汇款等专业汇款公司多采用先收钱后发货的模式，最大限度地保障了商家利益不受损失，但对于买家来说，如果遭遇卖家诈骗，则损失难以挽回。因此，很多用户对此心存疑虑，用户规模始终难以大规模扩张。

2. 银联国际

中国银联推出的银联国际（Money Express）是一项便捷的跨境汇款服务，目前已在美国、日本、新加坡、澳大利亚、英国、俄罗斯、阿联酋和吉尔吉斯斯坦等 39 个国家和地区开通，合作机构包括 DBS Bank（星展银行）、PNB（太平洋国家银行）等当地银行和 MoneyGram、Xoom、TransferWise 等专业汇款机构。通过这些机构提供的线下网点、官方网站和手机 App 等服务渠道，境外汇款人可以方便地向中国工商银行、中国银行、中国建设银行、交通银行、中国光大银行、华夏银行等 13 家中国境内银行的银联卡进行跨境汇款。中国境内持卡人直接以人民币收款，无须解付结汇即可消费、取现。

与传统的通过银行跨境电汇方式不同，银联国际在汇款时预先锁定汇率，汇款款项以人民币直接计入银联卡账户，收款方不用解付便可直接使用，也无须向银行支付手续费，极大降低了转账汇款费用，且到账时间一般不超过 12 小时。

近年来，中国银联始终致力于让移动支付能迅速应用于全球各国各个消费场景，同时加快移动支付产品创新服务的步伐，为全球消费者提供更佳的移动支付体验。

3. 国际信用卡组织

国际信用卡组织，主要是指以威士国际组织、万事达卡国际组织等为代表的国际专业信用卡公司。以威士国际组织为例，其拥有全球最先进的数据处理网络之一，每秒钟可以处理超过 20 000 笔的交易信息。威士国际组织本身不是银行，不直接向消费者发卡，也不向消费者授信或设定利率和手续费，但其各种创新却为消费者提供了更多的支付选择。

对消费者而言，国际信用卡可能因多种原因导致跨境支付失败。由于亚洲地区信用卡制度不够完善，对持卡人的资金保障要求不高，且个人信用指数受重视程度不足，因此国际信用卡组织为保证客户交易的安全性，为亚洲地区信用卡添加了 3D 密码验证服务，以减少商家恶意欺诈的可能性，但与此同时也增加了操作的复杂性。根据统计数据显示，国际信用卡非 3D 通道支付成功率为 70%～90%，3D 通道支付成功率可能只有 30%。

同时，国际信用卡诈骗屡见不鲜，黑卡、盗卡、复制卡难以完全在前期识别，而国际信用卡的持卡人被盗刷半年内都可以选择拒付，商家所获资金将被银行冻结。因此，国际信用卡网络能为消费者提供很好的免欺诈保护。

值得一提的是，国内第三方支付机构也热衷于与国际信用卡组织合作，以降低其交易风险。第三方支付机构从事外卡[①]支付业务需要获得国际信用卡组织的资质认证。例如，威士国际组织与万事达卡国际组织分别推出了自己的资质认证标准 VISA QSP 与 MASTER PF，只有通过该认证标准的第三方支付机构才能与其对接。

---

① 外卡：国际支付银行卡，是指由发卡机构发行的国际信用卡组织品牌的信用卡，在全球可以受理该品牌信用卡的机构、网点都可以畅通无阻地使用。无论外卡的发卡机构属于哪个国家，信用卡的结算货币都必须是可自由兑换货币。

第三方支付机构的加入，能够增强国际信用卡支付通道的成功率，降低支付风险。第三方支付机构在提供支付服务的同时，还提供严格的加密措施，如与国际信用卡组织的黑卡库等信息共享，一旦碰到黑卡或盗卡行为，系统将直接拒绝持卡人付款。以环迅支付为例，其为外贸中小企业提供风险控制解决方案，使得交易成功率达到90%以上。

4. 第三方支付机构

目前，国内获得试点许可的30家第三方支付机构已逐渐成为跨境支付交易的主体。获得试点许可的第三方支付机构被允许通过合作银行为小额电子商务交易双方提供跨境支付所涉及的外汇资金集中收付及相关结售汇服务，直接对接境内/外的用户与商家。

以支付宝和微信支付为代表的第三方支付机构主要为跨境电商提供"购付汇"和"收结汇"两类业务。购付汇主要是指消费者通过电商平台购买货品时，第三方支付机构为消费者提供的购汇及跨境付汇业务。收结汇是指第三方支付机构帮助境内卖家收取外汇并兑换人民币、结算人民币的业务。

支付宝在跨境支付领域的布局早在2007年就已开始。时至今日，支付宝已经搭建起了一个覆盖200多个国家和地区的全球化电子支付网络，支持18种货币结算，在海外有超过4000万名用户。使用支付宝进行国际汇款，可以直接通过手机客户端操作，便捷、安全且手续费相对较低，更适合"海淘"等小额、高频跨境汇款或支付。

而微信支付提供的跨境支付，让消费者能在境外通过微信用人民币支付，省去商家收到外币后货币兑换、现金找零的麻烦，与境内支付体验基本一致。目前，微信支付已登录韩国、日本、泰国、新加坡、印度尼西亚、澳大利亚、新西兰、加拿大、美国等12个国家和地区，支持11个币种直接结算。

6.2.2 我国跨境电商支付与结算的金融因素

1. 跨境电商支付与结算的许可

跨境支付业务需要申请的许可证包括："支付业务许可证"和跨境外汇支付牌照。

1）"支付业务许可证"

"支付业务许可证"是为了加强对从事支付业务的非金融机构的管理，根据《中华人民共和国中国人民银行法》等法律法规，中国人民银行制定《非金融机构支付服务管理办法》，并由中国人民银行核发的非金融行业从业资格证书。

"支付业务许可证"的申请人应当具备下列条件：

① 在中华人民共和国境内依法设立的有限责任公司或股份有限公司，且为非金融机构法人。

② 有符合本办法规定的注册资本最低限额。

③ 有符合本办法规定的出资人。

④ 有 5 名以上熟悉支付业务的高级管理人员。

⑤ 有符合要求的反洗钱措施。

⑥ 有符合要求的支付业务设施。

⑦ 有健全的组织机构、内部控制制度和风险管理措施。

⑧ 有符合要求的营业场所和安全保障措施。

⑨ 申请人及其高级管理人员最近 3 年内未因利用支付业务实施违法犯罪活动或为违法犯罪活动办理支付业务等受过处罚。

"支付业务许可证"的主要出资人应当符合以下条件（主要出资人包括拥有申请人实际控制权的出资人和持有申请人 10%以上股权的出资人）：

① 为依法设立的有限责任公司或股份有限公司；

② 截至申请日，连续为金融机构提供信息处理支持服务 2 年以上，或连续为电子商务活动提供信息处理支持服务 2 年以上；

③ 截至申请日，连续盈利 2 年以上；

④ 最近 3 年内未因利用支付业务实施违法犯罪活动或为违法犯罪活动办理支付业务等受过处罚。

支付机构有下列情形之一的，中国人民银行分支机构责令其限期改正，并处 3 万元罚款；情节严重的，中国人民银行注销其"支付业务许可证"；涉嫌犯罪的，依法移送公安机关立案侦查；构成犯罪的，依法追究刑事责任：

① 转让、出租、出借"支付业务许可证"的；

② 超出核准业务范围或将业务外包的；

③ 未按规定存放或使用客户备付金的；

④ 未遵守实缴货币资本与客户备付金比例管理规定的；

⑤ 无正当理由中断或终止支付业务的；

⑥ 拒绝或阻碍相关检查监督的；

⑦ 其他危及支付机构稳健运行、损害客户合法权益或危害支付服务市场的违法违规行为。

2）跨境外汇支付牌照

跨境外汇支付牌照是国家外汇管理局发放给支付机构，允许其进行跨境外汇支付业务的许可证。2013 年 3 月，国家外汇管理局曾下发《支付机构跨境电子商务外汇支付业务试点指导意见》，决定在上海、北京、重庆、浙江、深圳等地开展试点，允许参加试点的支付机构集中为电子商务客户办理跨境收付汇和结售汇业务。国家外汇管理局规定，试点支付机构为客户集中办理收付汇和结售汇业务，货物贸易单笔交易金额不得超过等值 1 万美元，留学教育、航空机票和酒店项下单笔交易金额不得超过等值 5 万美元。2015

年，国家外汇管理局发布《国家外汇管理局关于开展支付机构跨境外汇支付业务试点的通知》和《支付机构跨境外汇支付业务试点指导意见》，允许30家试点支付机构开展跨境外汇支付业务试点，并为每一家机构划定了一定的业务范围，如货物贸易、旅游服务、机票航空、留学教育、国际会议等。2019年4月，国家外汇管理局发布了《支付机构外汇业务管理办法》，强调跨境支付业务合法资质和持牌经营的重要性，明确要求此前的试点机构需进行名录登记。此次完成名录登记的支付机构可谓完成了"试点转正"，并正式持牌。

根据《支付机构外汇业务管理办法》，支付机构申请办理名录登记，应具备下列条件：
① 具有相关支付业务合法资质；
② 具有开展外汇业务的内部管理制度和相应技术条件；
③ 申请外汇业务的必要性和可行性；
④ 具有交易真实性、合法性审核能力和风险控制能力；
⑤ 至少5名熟悉外汇业务的人员（其中1名为外汇业务负责人）；
⑥ 与符合第十一条①要求的银行合作。

支付机构申请办理名录登记，应按照《支付机构外汇业务管理办法》向注册地分局提交下列申请材料：
① 书面申请，包括但不限于公司基本情况（如治理结构、机构设置等）、合作银行情况、申请外汇业务范围及可行性研究报告、与主要客户的合作意向协议、业务流程、信息采集及真实性审核方案、抽查机制、风控制度模型及系统情况等；
② 行业主管部门颁发的开展支付业务资质证明文件复印件、营业执照（副本）复印件、法定代表人有效身份证件复印件等；
③ 与银行的合作协议（包括但不限于双方责任与义务，汇率报价规则，服务费收取方式，利息计算方式与归属，纠纷处理流程，合作银行对支付机构外汇业务合规审核能力、风险管理能力以及相关技术条件的评估认可情况等）；
④ 外汇业务人员履历及其外汇业务能力核实情况；
⑤ 承诺函，包括但不限于承诺申请材料真实可信、按时履行报告义务、积极配合外汇管理局监督管理等。

如有其他有助于说明合规、风控能力的材料，也可提供。

支付机构名录登记的有效期为5年。期满后，支付机构拟继续开展外汇业务的，应

---

① 《支付机构外汇业务管理办法》第十一条规定，支付机构应与具备下列条件的银行签约，并通过合作银行办理相关外汇业务：具有经营结售汇业务资格；具有审核支付机构外汇业务真实性、合规性的能力；至少5名熟悉支付机构外汇业务的人员；已接入个人外汇业务系统并开通相关联机接口。支付机构应根据外汇业务规模等因素，原则上选择不超过2家银行开展合作。

在距到期日至少3个月前向注册地分局提出延续登记的申请。

2. 汇率

1）汇率的定义

汇率（又称外汇利率、外汇汇率或外汇行市）是两种货币之间兑换的比率，也可视为一个国家的货币对另一种货币的价值，由外汇市场决定。汇率又是各个国家为了达到其政治目的的金融手段，会因为利率、通货膨胀、国家的政治因素和每个国家的经济情况等发生变动。外汇市场对不同类型的买家和卖家开放，以进行广泛及连续的货币交易（外汇交易除周末外每天24小时进行，即从GMT周日8:15至GMT周五22:00。即期汇率是指当前外汇市场的汇率，而远期汇率则指于当日报价及交易，但于未来特定日期支付的汇率）。

一国外汇行市的升降，对进出口贸易和经济结构、生产布局等会产生影响。汇率是国际贸易中重要的调节杠杆，如汇率下降能起到促进出口、抑制进口的作用。

2）汇率的影响因素

汇率的影响因素包括以下几个方面。

① 国际收支。如果一国国际收支为顺差，则外汇收入大于外汇支出，外汇储备增加，该国对于外汇的供给大于对于外汇的需求；同时，外国对于该国货币的需求增加，则该国汇率下降，本币对外升值；如果为逆差，反之。需要注意的是，美国的巨额贸易逆差不断增加，但美元却保持长期的强势，这是很特殊的情况，主要是因为美元是世界货币，美元占全球支付体系的份额为39.35%（这是2018年6月的数据），巨大的美元需求导致美元汇率居高不下。

② 通货膨胀率。任何一个国家都有通货膨胀，如果本国通货膨胀率相对于外国要高，则本国货币对外贬值，汇率上升。

③ 利率。利率水平对于汇率的影响是通过不同国家的不同的利率水平，促使短期资本流动导致外汇需求变动。如果一国利率提高，外国对于该国货币的需求增加，该国货币升值，则其汇率下降。当然，利率影响的资本流动是需要考虑远期汇率的影响的，只有当利率变动抵消未来汇率不利变动仍有足够的好处时，资本才能在国际间流动。

④ 经济增长率。如果一国为高经济增长率，则该国的汇率相对较高。

⑤ 财政赤字。如果一国的财政预算出现巨额赤字，则该国的汇率将下降。

⑥ 外汇储备。如果一国的外汇储备高，则该国的汇率将升高。

⑦ 投资者的心理预期。投资者的心理预期在国际金融市场上表现得尤为突出。汇兑心理学认为汇率是外汇供求双方对货币主观心理评价的集中体现。评价高，信心强，则货币升值。这一理论在解释无数短线或极短线的汇率波动上起到了至关重要的作用。

⑧ 各国汇率政策的影响。各国汇率政策在一定程度上影响汇率的变动。在浮动汇率制度下，各国央行都尽力协调与其他关系紧密的国家之间的货币政策和汇率政策，平衡外汇市场中的供求关系，从而让本国货币保持稳定。在干预外汇时，央行采取的主要手段有调整本国的货币政策、通过调整利率影响汇率、直接干预外汇市场、对资本流动实行外汇管制等。

3. 外汇管制

1）外汇管制的定义

外汇管制是指一国政府为平衡国际收支和维持本国汇率而对外汇进出采取的限制性措施，在中国又称外汇管理。外汇管制也可以理解为一国政府通过法令对国际结算和外汇买卖进行限制的一种限制进口的国际贸易政策。外汇管制分为数量管制和成本管制。前者是指国家外汇管理机构对外汇买卖的数量直接进行限制和分配，通过控制外汇总量达到限制出口的目的；后者是指国家外汇管理机构对外汇买卖实行复汇率制，利用外汇买卖成本的差异，调节进口商品结构。

2）外汇管制的基本方式

① 对出口外汇的管制。在出口外汇管制中，最严格的规定是出口商必须把全部外汇收入按官方汇率结售给指定银行。出口商在申请出口许可证时，要填明出口商品的价格、数量、支付结算货币、支付方式和支付期限，并交验信用证。

② 对进口外汇的管制。对进口外汇的管制通常表现为进口商只有得到国家外汇管理机构的批准，才能在指定银行购买一定数量的外汇。国家外汇管理机构根据进口许可证决定是否批准进口商的购汇申请。有些国家将进口批汇手续与进口许可证的颁发同时办理。

③ 对非贸易外汇的管制。非贸易外汇涉及除贸易收支与资本输出/输入以外的各种外汇收支。对非贸易外汇的管制类似于对出口外汇的管制，即规定有关单位或个人必须把全部或部分外汇按官方汇率结售给指定银行。为了鼓励人们获取非贸易外汇收入，各国政府可能采取一些其他措施，如实行外汇留成制度，允许居民将个人劳务收入和携入款项在外汇指定银行开设外汇账户，并免征利息所得税。

④ 对资本输入的外汇管制。发达国家采取限制资本输入的措施通常是为了稳定金融市场和稳定汇率，避免资本流入造成国际储备过多和通货膨胀。它们所采取的措施包括：对银行吸收非居民存款规定较高的存款准备金；对非居民存款不付利息或倒数利息；限制非居民购买该国有价证券；等等。

⑤ 对资本输出的外汇管制。发达国家一般采取鼓励资本输出的政策，但是它们在特定时期，如面临国际收支严重逆差之时，也会采取一些限制资本输出的政策。其中主要

的措施包括：规定银行对外贷款的最高额度；限制企业对外投资的国别和部门；对居民境外投资征收利息平衡税；等等。

⑥ 对黄金、现钞输出/输入的管制。实行外汇管制的国家一般禁止个人和企业携带、托带或邮寄黄金、白金或白银出境，或限制其出境的数量。对于该国现钞的输入，实行外汇管制的国家往往实行登记制度，规定输入的限额并要求用于指定用途。对于该国现钞的输出则由国家外汇管理机构进行审批，并规定相应的限额。不允许货币自由兑换的国家禁止该国现钞输出。

⑦ 复汇率制。对外汇进行价格管制必然形成事实上的各种各样的复汇率制。复汇率制指一国规章制度和政府行为导致该国货币与其他国家的货币存在两种或两种以上的汇率。

6.3 跨境电商支付与结算的金融风险及防控

从当前国际市场环境变化来看，我国跨境电商业务虽然处于高速上升时期，但受复杂的国际环境影响，我国跨境电商支付与结算面临交易真实性识别、洗钱和资金非法流动、逃避个人结售汇限制及国际收支的申报管理监测等风险，不利于我国跨境电商贸易的平稳发展。鉴于此，针对当前我国跨境电商支付与结算业务面临的风险，采取对应的防范措施，有助于我国跨境电商贸易的稳健推进。

6.3.1 我国跨境电商支付与结算的金融风险

1. 交易真实性识别风险

跨境电商支付与结算关系到个人和企业交易的资金安全和信息安全，涉及金融稳定。相对于目前较为成熟的银行监管系统，通过第三方支付机构进行支付的交易更难以保证真实性。交易真实性是跨境电商运行和发展的生命线，是跨境电商平台必须守住的底线。否则，跨境电商平台将会沦为欺诈盛行之地，成为逃避监管的法外之地和跨境洗钱、网络赌博、隐瞒贪污贿赂、网络诈骗等各种犯罪滋生的温床。同时，交易真实性也是国际收支申报、个人结售汇管理、反洗钱义务履行的前提和保证。交易真实性包括交易主体的真实性和交易内容或背景的真实性。与一般进出口贸易相比，跨境电商支付与结算的真实性更加难以把握，主要体现在以下几个方面。

1）难以确保个人身份信息的真实性

第三方支付机构目前尚未完全使用公安部的身份联网核查系统，难以确保个人身份信息的真实性；另外，对于重号身份证、一代身份证、虚假身份证、转借身份证等也缺乏有效的甄别措施。

2）境外客户的身份审查更加困难

境外客户不一定会配合提供身份信息；审核人员缺乏有效手段对诸如客户的职业、收入情况、通信地址等信息进行核实。

3）对法人客户身份信息的审核存在漏洞

审核机构对组织机构代码证等的过期、失效、吊销、作废缺乏有效的监督手段和监督工具。第三方支付机构常用的通知更新手段有打电话、发邮件等，但经常会遇到电话无法接通等无法联系到法人客户的情况。

4）无法核实跨境交易金额和交易商品是否匹配

由于第三方支付机构获取境外客户的实际控制人、股权结构等信息存在困难，难以判断客户的财务状况、经营范围与资金交易情况是否相符，所以无法核实跨境交易金额和交易商品是否匹配。加之对境外客户进行尽职调查的成本相对较高，造成审核工作流于形式。

5）存在非法转移资金的风险

网上交易的部分商品或服务是虚拟产品，对于虚拟产品如何定价缺乏衡量标准，有可能出现以跨境支付为幌子向境外非法转移资金，从而为境内账款转移到境外提供便利渠道的情况，还有可能出现网络诈骗和欺诈交易。

6）信息不对称的问题

第三方支付机构可以通过比对订单信息、物流信息、支付信息等方式，确认现金流与货物流或服务流是否匹配，但也存在一定困难。从信息获取渠道角度看，电子商务平台和第三方支付机构是两个不同的主体，第三方支付机构仅负责支付交易，并不掌握订单信息和物流信息；从信息质量角度看，第三方支付机构从电子商务平台和物流公司获取的信息可能滞后，信息的准确性也会受到影响。

2. 洗钱和资金非法流动风险

第三方支付以网络平台为基础，适用主体多数为电子商务的买家和卖家，资金分散转移、达到规避外汇监管的目的相对其他平台更易操作，如小额资金通过第三方支付机构多次向多人汇入，由此出现异常资金流入。并且，随着洗钱手法的复杂化和专业化，第三方支付机构相对其他途径更易进行外汇资金的洗钱。比如，第三方支付机构与境内/外个人或商家勾结，通过不合理贸易定价等做法，让资金违规转移出境；或者不法分子选择第三方跨境支付方式进行海淘，然后"申请"退货，套取资金实现资金违规出境。第三方支付机构难以跟踪付款资金的后续流向，也无法判断定价是否合理，增加了反洗钱监管难度。

对于如何甄别洗钱和合法资金流动缺乏可靠手段。对于同一个跨境交易主体（既在境内注册成为第三方支付机构的客户，又在境外注册成为海外商家），或者境内机构的客户通过在境外设立关联公司的方式，自己与自己交易，绕过国内外汇管理限制，进行跨国资金转移、洗钱等行为，目前缺乏有效的甄别手段。跨境支付有可能沦为"地下钱庄"活动的舞台。

3. 逃避个人结售汇限制风险

我国目前的资本项目尚未完全放开，经常项目基本处于可自由兑换状态。但我国对于个人结售汇实行年度限额管理，个人年度结售汇限额不超过等值 50 000 美元。通过第三方支付机构进行跨境支付，境内消费者在完成订单确认后，需要向第三方支付机构付款，由第三方机构向银行集中购汇，银行再按照第三方支付机构的指令，将资金划入目标账户。

一方面，第三方支付机构只能获取交易双方有限的交易信息，如订单号、银行账号等，银行无法获取个人信息，这样就很难执行个人年度结售汇管理政策。另一方面，如何认定分拆结售汇也存在一定困难。

从国家外汇管理局前期试点监测情况来看，试点业务多为 C2C 个人"海淘"等小额交易，人均结售汇金额不足 60 美元。境内消费者一天之内可能进行几次或十几次小额购物，存在分拆结售汇的可能。

对此，有些银行并没有按照国家外汇管理局颁布的《关于进一步完善个人结售汇业务管理的通知》的规定进行业务办理，也就是说，支付企业使用虚拟电子账户来识别用户，对银行账号和信用卡账号保密，屏蔽资金的真实来源与去向。这将影响国际收支核查工作的有效性，银行无法正常履行相关部门的规定，不利于跨境电商支付与结算在国际收支方面的申报。

4. 国际收支的申报管理监测风险

一是外汇收支统计中存在问题。由于第三方支付机构直接充当跨境电商的收付款方，境内/外交易主体不发生直接的资金收付行为，因此国际收支申报的收付款主体是第三方支付机构，而不是实际的交易对手，申报时间与资金实际的跨境收支时间不吻合，增加了监测难度，并为以后的调查审核工作带来了不可估量的难度。

二是实名认证系统不完善。国家外汇管理局对第三方支付机构的用户（跨境电商企业和个人）没有进行实名认证管理，无法核实其是否具有对外贸易经营权。并且，部分从事跨境电商的企业未办理外汇收支企业名录登记。这样就增加了后续管理的难度，可能造成货物贸易总量核查出错。国家外汇管理局仅对第三方支付机构进行了实名认证管理，但是，认证后的这些用户名单并没有直接进入外汇监管系统，给监管带来不便。因此，就存在另外的问题，即第三方支付机构对企业和个人用户没有进行区别管理。而实际上，个人项下资金流动相应的申报和审核标准有别于企业。如果两种主体的资金没有进行严格区分，监测和监管的难度同样会加大。

6.3.2 我国跨境电商支付与结算的金融风险防控

1. 健全支付业务的法律法规

由于跨境支付的复杂性和特殊性关系到各国银行、政府和相关部门的协调与合作，因此需要注意的是各国的法律法规，要做到基本掌握，做到知己知彼。虽然我国目前关于跨境支付的法律法规尚不完善，但是可以借鉴国际通用准则，划清监管范围，关注跨境支付使用者与银行、跨境支付使用者与第三方支付机构之间的法律关系，在电子支付中，明确风险的责任归属问题，从而建立完善全面的跨境支付法律体系，辅助跨境电商的健康、蓬勃发展。

2. 完善科技监管手段

现有第三方机构监管和外汇交易数据统计及监测系统相对于发展迅速的跨境支付业务稍显落后，对于第三方支付机构跨境业务数据缺乏准确有效的提取手段。完善科技监管手段、增强非现场监管的基础设施，是防范跨境支付风险的重要途径。在外汇非现场监管系统中加入对于第三方跨境支付的单独监管模块进行独立监管，或者由间接上传数据转变成机构直接接入等方式都会提升第三方跨境支付业务风险防范水平。

3. 协调监管者间关系

第三方支付机构在支付业务方面受到的监管较多，但监管领域易存在交叉与灰色地带，不利于行业的总体监督管理。参考欧盟和美国对于第三方跨境支付监管的做法，可以将监管的立法职权收入一个机构，加强监管的针对性和专门性，发挥支付清算协会及互联网金融协会行业的"自律"作用，使第三方跨境支付既兼顾"审慎监管"又可以发展创新。

4. 促进离岸监管合作

跨境支付涉及境外企业或商家，推进跨境支付离岸监管合作也是完善监管的必然趋势。其一，借鉴其他贸易协定相关经验，强化有关规则解释；其二，参考其他跨境机构监管的经验，使跨境支付风险监管规则接轨国际化标准；其三，建立"区域性监管合作机制"，将一定区域内的跨境支付反洗钱监管、跨境支付消费者权益保护监管进行统一。

第6章 跨境电商支付与结算的金融分析

本章小结

跨境电商支付与结算从金融角度来讲指的是两个或两个以上的国家或地区因跨境交易所产生的债权债务，借助一定的支付方式及结算工具，实现资金跨国转移的一系列行为。跨境电商支付与结算包含三大业务：跨境收单、汇款和结售汇。

我国跨境支付业务主要有四种模式：银行电汇、国际信用卡组织、银联国际和第三方支付机构。这四种模式各有特点，适合不同的支付场景。我国跨境电商支付与结算的主要金融因素有跨境电商支付与结算的许可、汇率及外汇管制。其中，跨境电商支付与结算的许可包括"支付业务许可证"和跨境外汇支付牌照。汇率的影响因素包括国际收支、通货膨胀率、利率、经济增长率、财政赤字、外汇储备、投资者的心理预期及各国汇率政策的影响等。外汇管制的基本方式包括对出口外汇的管制、对进口外汇的管制、对非贸易外汇的管制、对资本输出的外汇管制、对黄金及现钞的输出/输入管制和复汇率制等。

虽然我国跨境电商发展快速，但是跨境电商支付与结算业务仍存在一些金融风险。其中主要风险有交易真实性识别风险、洗钱和资金非法流动风险、逃避个人结售汇限制风险和国际收支的申报管理检测风险等。因此，我国应健全支付业务的法律法规，完善科技监管手段，协调监管者间关系，促进离岸监管合作，形成全面的监管系统，防范跨境电商支付与结算的金融风险。

课后习题

一、多项选择题

1. 跨境电商支付与结算包含三大业务，分别是（　　）。
   A．跨境收单　　　　　　　　　　B．跨境融资
   C．汇款　　　　　　　　　　　　D．结售汇

2. 跨境收单即帮助一个国家的商家向另一个国家的客户收钱，可以将其理解为狭义的跨境支付。具体包括（　　）。
   A．外卡收单　　　　　　　　　　B．境外收单
   C．国际收单　　　　　　　　　　D．结售汇

3. 跨境电商出口的产品特点是（　　）。
   A．高频次　　　　　　　　　　　B．中低额度
   C．对价格敏感　　　　　　　　　D．对速度和便利性敏感

4. 目前，我国跨境支付业务为国内大众所熟知的主要模式分别是（　　）。

A. 银行电汇　　　　　　　　　　B. 国际信用卡组织

C. 银联国际　　　　　　　　　　D. 第三方支付机构

5. 我国跨境电商支付与结算的金融因素包括（　　）。

A. 跨境电商支付与结算的许可　　B. 外汇管制

C. 商品价格　　　　　　　　　　D. 汇率

6. 下面哪几项是"支付业务许可证"的申请人应当具备的条件？（　　）

A. 在中华人民共和国境内依法设立的有限责任公司或股份有限公司，且为非金融机构法人

B. 有符合规定的注册资本最低限额

C. 有符合规定的出资人

D. 有3名以上熟悉支付业务的高级管理人员

7. 下面哪几项是汇率的影响因素？（　　）

A. 国际收支　　　　　　　　　　B. 通货膨胀率

C. 利率　　　　　　　　　　　　D. 经济增长率

8. 下面哪几项属于外汇管制的基本方式？（　　）

A. 对进出口外汇的管制

B. 对资本输入和输出的外汇管制

C. 对黄金、现钞输出/输入的管制

D. 对非贸易外汇的管制

9. 我国跨境电商支付与结算的金融风险包括（　　）。

A. 交易真实性识别风险

B. 洗钱和资金非法流动风险

C. 逃避个人结售汇限制风险

D. 国际收支的申报管理监测风险

10. 我国跨境电商支付与结算金融风险的防控措施包括（　　）。

A. 健全支付业务的法律法规　　　B. 完善科技监管手段

C. 协调监管者间关系　　　　　　D. 促进离岸监管合作

二、判断题

1. 汇款业务在大部分国家需要牌照，专业汇款公司以西联汇款、速汇金等为代表，这类机构的市场份额正在增多。（　　）

2. 西联汇款等专业汇款公司多采用先收钱后发货的模式，最大限度地保障了商家利益不受损失，但对于买家来说，如果遭遇卖家诈骗，则损失难以挽回。（　　）

3. 第三方支付公司的加入，能够增强国际信用卡支付通道成功率，降低支付风险。
（　　）

4. 跨境支付业务需要申请的许可证包括"支付业务许可证"和跨境外汇支付牌照。
（　　）

5. 汇率是国际贸易中最重要的调节杠杆，汇率上升，能起到促进出口、抑制进口的作用。
（　　）

三、简答题

1. 请对跨境支付四大模式的特点及主要应用场景进行比较。
2. 请分析我国跨境电商支付与结算的金融因素。
3. 我国跨境电商支付与结算的金融风险有哪些？该如何防范？

第7章 跨境电商支付与结算的税务分析

学习目标

- 掌握跨境电商支付与结算税务的定义；
- 了解我国跨境税收政策的发展现状；
- 掌握我国跨境电商税收模式及相关税务处理；
- 了解跨境支付与结算的税务风险及防控。

学习重难点

- 重点：跨境电商支付与结算相关税务；
- 难点：跨境支付与结算的税务风险及防控。

本章思维导图

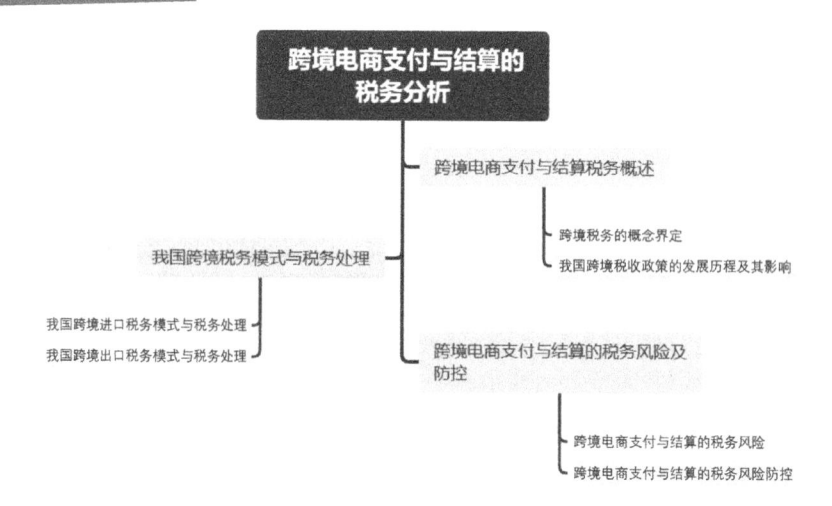

```
跨境电商支付与结算的税务分析
├── 跨境电商支付与结算税务概述
│   ├── 跨境税务的概念界定
│   └── 我国跨境税收政策的发展历程及其影响
├── 我国跨境税务模式与税务处理
│   ├── 我国跨境进口税务模式与税务处理
│   └── 我国跨境出口税务模式与税务处理
└── 跨境电商支付与结算的税务风险及防控
    ├── 跨境电商支付与结算的税务风险
    └── 跨境电商支付与结算的税务风险防控
```

7.1 跨境电商支付与结算税务概述

跨境电商是一种跨越关境的交易行为,其中环节涉及输出国(或地区)和输入国(或地区)的海关,在支付与结算上涉及多种税务。跨境电商的税务问题引起了各国(或地区)的重视。

7.1.1 跨境税务的概念界定

广义的跨境税务是指各个国家和地区的征税机构向跨境进出口商品征收相关税费的业务。狭义的跨境税务是指因互联网兴起的,各个国家和地区的征税机构向跨境电商零售进出口商品征收相关税费的业务。按进出口方向的不同,跨境税务涉及的业务内容也有所不同。

1. 跨境进口税务

跨境进口税务是指进口国(或地区)海关在境外商品输入时,对进口商品征税的业务。进口国(或地区)通过征收进口税,可以提高境外进口商品的价格,削弱进口商品在境内市场的竞争力,达到减少或限制境外商品的进口,进而保护本国经济的目的。跨境进口税务主要包括以下几类。

1)进口关税

进口关税是一个国家(或地区)的海关对进口货物和物品征收的税收。目前,各国(或地区)已不使用过境关税,出口税也很少使用。通常所称的关税主要指进口关税。使用过高的进口关税,会对进口货物形成壁垒,阻碍国际贸易的发展。进口关税会影响出口国(或地区)的利益,因此,它成为国际间经济斗争与合作的一种手段,很多国际间的贸易互惠协定都以相互减让进口关税或给予优惠关税为主要内容。由于进口关税是通过市场机制调节进出口流量的,在目前阶段,进口关税仍然是各国(或地区)保护本国(或地区)经济的常用手段。

2)进口增值税

进口增值税是指进口环节征缴的增值税,属于流转税的一种。不同于一般增值税将在生产、批发、零售等环节的增值额作为征税对象,进口增值税是专门对进口环节的增值额进行征税的一种增值税。

3)进口消费税

进口消费税是将进口消费品的流转额作为征税对象的各种税收的统称,其是政府向进口消费品征收的税项，可从批发商或零售商征收。进口消费税实行价内税，在进口消费品的进口环节缴纳，在以后的批发、零售等环节，因为价款中已包含消费税，因此批发商或零售商不用再缴纳消费税，税款最终由消费者承担。进口消费税的纳税人是《中华人民共和国消费税暂行条例》规定的应税消费品的单位和个人。

4）行邮税

行邮税是行李和邮递物品进口税的简称，是海关对入境旅客行李物品和个人邮递物品征收的进口税。由于其中包含了进口环节的增值税和消费税，故其也是对个人非贸易性入境物品征收的进口关税和进口工商税收的总称。行邮税课税对象包括入境旅客、运输工具、服务人员携带的应税行李物品、个人邮递物品、馈赠物品及以其他方式入境的个人物品等。

除此之外，在欧盟国家及英国还有一种进口税，即 VAT，这是欧盟国家及英国普遍使用的销售增值税，也指货物售价的利润税。当货物进入英国、德国等国家时，货物需要缴纳进口增值税；当货物销售后，商家可以退回进口增值税，再按销售额缴纳相应的 VAT。VAT 适用于那些使用海外仓的卖家们，因为产品是从该国境内发货并完成交易的。VAT 和进口增值税是两个独立缴纳的税项，在商品进口到英国海等海外仓时，即使缴纳了商品的进口增值税，也需要缴纳 VAT。

2. 跨境出口税务

跨境出口税务是出口国（或地区）海关在本国（或地区）产品输往境外时对出口商品征税的业务。由于征收出口税会提高本国（或地区）产品在境外市场的销售价格，降低竞争力，因此各国（或地区）很少征收出口税，更多通过出口退税来提升本国（或地区）商品的国际竞争力。

跨境出口税务主要指出口退税。出口退税是指对出口货物退还其在境内生产和流通环节实际缴纳的增值税、消费税。出口货物退税制度是一个国家（或地区）税收的重要组成部分。出口退税主要是通过退还出口货物的境内已纳税款来平衡境内产品的税收负担，使本国（或地区）的产品以不含税成本进入国际市场，与境外产品在同等条件下进行竞争，从而增强竞争力，扩大出口创汇。

7.1.2 我国跨境税收政策的发展历程及其影响

1. 我国跨境税收政策的发展历程

1）行邮税政策阶段

我国电商规模持续扩大，自 2016 年开始从超高速增长期进入相对稳定的发展期。在跨境电商行业如此大规模和高速增长的情况下，我国也陆续出台和修订了跨境电商税收方面的政策和制度，以保证对跨境电商交易主体进行法律约束，防止偷税、漏税等行为，保证我国财政收入的稳定增长，使行业发展规范、市场需求稳定，推进跨境电商向健康方向发展。

2013年8月21日，国务院办公厅《关于实施支持跨境贸易电子商务零售出口有关政策意见的通知》中提出，完善跨境电子商务相关税收征管政策，委托财政部和国家税务总局制定了行邮税相关实施细则。行邮税作为进口关税、进口环节增值税、进口环节消费税的一种综合税，对个人非贸易性入境物品征收，是进口商品价格的组成部分，按照从价计征方式征收，计算公式为

（行邮税）应纳税额=完税价格×行邮税税率

其中，行邮税税率共设10%、20%、30%、50%四档。对于在海关规定数额和金额以内的个人自用进境过关物品，免征行邮税；对于超过规定数额但仍在合理数量以内的个人自用进境过关物品，纳税义务人在进境物品通行前按照规定缴纳该货物的行邮税。

2) "四八新政"阶段

跨境电商呈爆发增长态势，我国随即出台了一系列支持和规范跨境电商的政策。2012年，我国开放了第一批进口跨境电商试点城市；2013年，我国出台了支持跨境电商出口的政策；2014年，进口跨境电商开始合法化，我国有了明确的税收政策；2015年，我国规范了进口税收政策并降低了部分进口商品的关税；自2016年4月8日起，我国对跨境电商零售进口商品实行新的税收政策——《关于跨境电子商务零售进口税收政策的通知》（简称"四八新政"）；2018年11月29日，我国发布了《关于完善跨境电子商务零售进口税收政策的通知》，对"四八新政"进行了调整。

从税收政策的演变来看，跨境电商征税先由行邮税改征跨境电商综合税，之后增值税、消费税税率一降再降。

首先，行邮税改征跨境电商综合税。2016年4月以前，跨境电商按照邮递物品征收行邮税。2016年3月24日，财政部发布"四八新政"，明确自2016年4月8日起，对跨境电商零售进口商品按照货物征收关税和进口环节增值税、消费税。跨境电商彻底告别"免税时代"，用跨境电商综合税代替了行邮税。根据2018年11月29日发布的《关于完善跨境电子商务零售进口税收政策的通知》（自2019年1月1日起执行），跨境电商零售进口商品的单次交易限值为人民币5000元，个人年度交易限值为人民币26 000元。在限值以内，跨境电商零售进口商品的关税税率暂设为0；进口环节的增值税、消费税取消免征税额，暂按法定应纳税额的70%征收。超过单次限值、累加后超过个人年度规定限值的交易，以及完税价格超过5000元限值的单个不可分割商品，均按照一般贸易方式全额征税。完税价格超过5000元单次交易限值但低于26 000元年度交易限值，且订

单下仅一件商品时,可以自跨境电商零售渠道进口,按照货物税率全额征收关税和进口环节增值税、消费税,交易额计入年度交易总额,但年度交易总额超过年度交易限值的,应按一般贸易管理。

其次,高档化妆品消费税税率由30%下调为15%。2016年9月30日,财政部发布《关于调整化妆品进口环节消费税的通知》,明确了自10月1日起,将征收范围调整为高档化妆品,普通化妆品免征消费税;将进口环节消费税税率由30%下调为15%。增值税税率两次调降:2018年4月4日,财政部发布《关于调整增值税税率的通知》,自2018年5月1日起,将原使用17%和11%增值税税率的,税率分别调整为16%和10%;2019年3月20日,财政部发布《关于深化增值税改革有关政策的公告》,自2019年4月1日起,将原适用16%、10%增值税税率的,税率调整为13%、9%。

最后,个人物品直邮行邮税税率也进行了多次调整。2016年4月以前,行邮税税率分为四档,对应税率分别为10%、20%、30%、50%。2016年4月8日,财政部调整行邮税政策,将行邮税税率由四档调整为三档:15%、30%、60%。其中60%为对高档消费品征收的消费税税率。自2018年11月1日起,行邮税税率三档调整为15%、25%、50%。2019年4月9日,行邮税税率进一步下调为13%、20%、50%。

2. 我国跨境税收政策带来的影响

1)行邮税政策产生的影响及其弊端

随着跨境电商的不断发展,行邮税的漏洞日趋显现出来,并影响到了国家税收及财政收入。"拆单""分包"等方式是规避正常税负的常用手段。部分外贸企业会利用这样的政策漏洞将一般货物贸易转移到网上交易,并按照规定限额进行分割,以达到逃税、避税的目的。

另外,行邮税也具有不公平性。一是跨境电商与传统货物贸易相比,所负担的税收成本要低于传统货物贸易,导致其在价格上有了更大的空间。传统货物贸易处于劣势,跨境电商成了未来跨境贸易的必然趋势。二是销售商品受到增值税的影响,境内商品要交17%的增值税,而跨境电商却不用考虑这些。三是受到行邮税试点城市政策的影响,只有部分城市享受行邮税试点政策,使得地区间产生不公平竞争,从试点城市到非试点城市的物流调运往往增加了物流成本,使其价格上的竞争力受到了不小的影响。

2)"四八新政"带来的影响

"四八新政"对处于免征税额内的单价为500元以下的商品的影响最大,增加相关税负后,这些商品的购物成本上升。对于一般贸易进口商来说,其缴纳的绝大部分进口增值税通过抵扣实现了税负转嫁。"四八新政"明确了个人作为纳税义务人,而又规定了电子商务企业、平台或者物流企业可以代扣代缴相关税费。"四八新政"在短时间内对跨境电商造成了一定影响，主要会使跨境电商在价格方面丧失部分吸引力，降低其与传统货物贸易的竞争力，但对跨境电商的中长期发展是绝对利好的。这次税改明确了跨境电商的贸易属性，引导该行业进入规模化、规范化的发展轨道。

另外，"四八新政"的实施，使得之前整体低税负水平的行邮税变成了税负水平较高的跨境电商综合税，增加了国家税收。另外，取消500元免征额也在很大程度上控制了原先的税收漏洞，使传统贸易方式与跨境电商方式之间、境内商品和境外商品之间的税负水平处于同一起跑线上，更显公平性。另外，"四八新政"取消了在试点城市的税收优惠，改为在全国范围内试用。这一举措策使国内各城市又趋于回归同一起点。

"四八新政"实施所引发的部分进境货物成本上涨，对大型跨境电商企业的总体影响不大，但对中小型跨境电商企业的影响较大，可能致使它们退出市场。"四八新政"出台后，它们要经过一个整合期。过去行邮税时代已经过去，跨境电商将进入另一个税制改革的发展轨道。

按照调整后的计税方式，不同产品税率有升有降。税改前后税率对比如表7-1所示。

表7-1 税改前后税率对比

品　类	改前行邮税	改后跨境电商综合税
食品、饮料、书刊等	10%（消费500元以内免税）	11.9%
相机、服装、自行车等	20%（消费250元以内免税）	11.9%
高尔夫、高档手表等	30%（消费166元以内免税）	32.9%
烟酒、化妆品等	50%（消费100元以内免税）	32.9%

例如，一款税前价格为120元的纸尿裤，如果按行邮税征收税费，符合500元内免税规定，故实际税费为0；如果按照跨境电商综合税征收税费，税费是14.28元（120×11.9%），即税改后贵了14.28元。而低单价的进口化妆品及轻奢服饰等商品还将承担更高的税费。

一款税前价格为99元的化妆水，如果按照行邮税征收税费，（99×50%），符合500元内免税规定，故实际税费为0；如果按跨境电商综合税征收税费，税费是32.57元（99×32.9%），即税改后贵了32.57元。但是，一款税前价格为200元的化妆水，如果按照行邮税征收税费，税费是100元（200×50%）；如果按照跨境电商综合税征收税费，税费是65.8元（200×32.9%），税改后反而便宜了34.2元。

若个人单次购买跨境商品的价格超过限额5000元，均按照一般贸易方式全额征税。例如，以一款15 000元的经典手包为例，按照之前的政策，其需要缴纳的行邮税为1500元（15 000×10%）；"四八新政"实施后则和普通过关商品相同，需缴纳的增值税为2881.5元［15 000×（1+13%）×17%］，税负增加。

7.2 我国跨境税务模式与税务处理

近年来,随着我国跨境电商的快速发展,相关税收政策也在不断更新以适应新的跨境电商发展模式。如自 2016 年起,跨境电商零售进口税收方面就经历了 7 次调整,税收制度逐步完善,创造了公平竞争的市场环境。

7.2.1 我国跨境进口税务模式与税务处理

1. 跨境进口税务模式

鉴于 B2B 的跨境进口按一般进口贸易处理,本书重点分析跨境电商零售进口业务。跨境电商零售进口最初的模式是海淘,即国内消费者直接在境外 B2C 平台上购物,并通过转运或直邮等方式将商品邮寄回国。大部分海淘的商品无法直邮送达,需要通过在境外设有转运仓库的转运公司代为收货(在网上下单时,收货地址是转运仓库),再由转运公司将货物自行或委托第三方物流公司运至境内,耗时较长。受语言、支付方式等的限制,最初的海淘在实际操作中较有难度,于是出现了代购,在"分分钟买遍全世界"的概念促使下,海淘与代购的业务量与日俱增,随着天猫国际、京东全球购等大型电商平台的上线,消费者海淘更为便捷。

目前,跨境电商零售进口模式可分为"直购进口"与"保税进口"。"直购进口"模式是指符合条件的电商平台与海关联网,境内消费者跨境网购后,电子订单、支付凭证、电子运单等由企业实时传输给海关,商品通过海关跨境电商专门监管场所入境。"保税进口"模式,又称 B2B2C 模式或备货模式,即商家预先将海外商品大批量运至国内保税仓备货,当消费者在网上下单后,由国内保税仓进行配货打包,并为单个订单办理通关手续,再委托国内物流公司派送到消费者手中。两者的区别如表 7-2 所示。

表 7-2 "直购进口"模式与"保税进口"模式对比

对比项目	直购进口	保税进口
模式类型	进口 B2C 模式	进口 B2B2C 模式
海关监管特色	电子订单、支付凭证、电子运单实时传输,实现阳光化清关	货物存放在海关监管场所,可实现快速通关
适用企业	代购、品类宽泛的电商平台、海外电商	品类相对专注、备货量大的电商企业
发货地点	国外	保税港、保税区
时效	7~10 天	5 天以内
商品种类	更丰富	有限制

2016 年《关于跨境电子商务零售进出口商品有关监管事宜的公告》出台之前,跨境

电子商务零售进口一直按照行邮税征收税费，而行邮税是海关对入境旅客行李物品和个人邮递物品征收的进口税，是非贸易性的，同时有免税优惠。一般性的海淘，如海外直邮或代购，因为是以个人包裹形式入境的，所以采用的依然是原来的清关方式，除了被征税时需要缴纳5%~10%的税款，其他是没有影响的。但使用保税仓备货模式的电商就不一样了。该模式下多为销售免税额以下的低价爆款产品，如化妆品、母婴类食品等，在"四八新政"取消免税额并加强保税区进口产品的资质监管后，这种模式不再享有任何政策优惠，进而也失去了它的竞争优势。

2. 跨境进口税务处理

对于跨境电商零售进口业务，相关主体的税务处理如下。

1）电商平台

电商平台的收入主要有平台服务费，直营、直采取得的产品差价收入，广告收入。

（1）平台服务费。电商平台向卖家收取的平台服务费及按照卖家交易量收取的佣金手续费均按"信息技术服务——信息系统增值服务（电子商务平台服务）"缴纳增值税。

（2）自营、直采取得的产品差价收入。有些电商平台的产品全部或部分为自营，获取商品购销差价，对此按照销售货物缴纳增值税。

（3）广告收入。电商平台提供的各类视频、链接等广告服务，除按"文化创意服务——广告服务"缴纳增值税外，还需要缴纳文化事业建设费。

2）境内消费者

从2016年颁布的《关于跨境电子商务零售进出口商品有关监管事宜的公告》《关于跨境电子商务零售进口税收政策的通知》，到2018年发布的《关于完善跨境电子商务零售进口税收政策的通知》，2019年我国又做了少许调整，税收政策在不断完善。根据新的税收政策，境内个人消费者通过天猫国际等跨境电商平台购物，需要按进口货物征收关税、进口环节增值税与消费税，操作要点如下。

（1）新的税收政策适用于属于《跨境电子商务零售进口商品清单》范围内的以下商品。

第一，所有通过与海关联网的电子商务交易平台交易，能够实现交易、支付、物流电子信息"三单"比对的跨境电子商务零售进口商品。

第二，未通过与海关联网的电子商务交易平台交易，但快递、邮政企业能够统一提供交易、支付、物流等电子信息，并承诺承担相应法律责任进境的跨境电子商务零售进口商品。

（2）个人消费者是进口货物的纳税义务人，电商企业、电子商务交易平台企业或物流企业可作为代收代缴义务人。在实务中，境内消费者支付的款项中包含了进口环节的税款。

（3）个人单次交易限值为人民币 5000 元，年度交易限值为人民币 26 000 元。在限值以内进口的跨境电商零售进口商品，关税税率暂设为 0；进口环节的增值税、消费税暂按法定应纳税额的 70%征收。完税价格超过 5000 元单次交易限值但低于 26 000 元年度交易限值，且订单下仅一件商品时，可以自跨境电商零售渠道进口，按照货物税率全额征收关税和进口环节增值税、消费税，交易额计入年度交易总额，但年度交易总额超过年度交易限值的，应按一般贸易管理。需要注意的是，对于跨境电商零售进口商品，作为一项特殊规定处理，而不同于一般贸易，这里的完税价格是指实际交易价格（包括货物零售价格、运费和保险费）。跨境电商零售进口商品税费计算规则如表 7-3 所示。

表 7-3 跨境电商零售进口商品税费计算规则

税 种	未 超 限 额	超 过 限 额
关税	0	关税=实际交易价格×关税税率
增值税	增值税=（实际交易价格）÷（1-消费税税率）×增值税税率×70%	增值税=（实际交易价格）÷（1-消费税税率）×增值税税率
消费税	消费税=（实际交易价格）÷（1-消费税税率）×消费税税率×70%	消费税=（实际交易价格）÷（1-消费税税率）×消费税税率

（4）海关放行后 30 日内未发生退货或修撤单的，代收代缴义务人在放行后第 31 日至第 45 日内向海关办理纳税手续。自海关放行之日起 30 日内退货的，个人可申请退税，并相应调整个人年度交易总额。

（5）不属于跨境电商零售进口商品的个人物品及无法提供交易、支付、物流等电子信息的跨境电商零售进口商品，按现行规定执行。这里的按现行规定执行是指对于无法提供三单比对的进口商品或非个人自用的物品征收行邮税。行邮税不是一个独立的税种，是指对旅客行李物品、个人邮递物品及其他个人自用物品，除另有规定外，均由海关按照《入境旅客行李物品和个人邮递物品进口税税率表》征收的进口税（包括关税和增值税、消费税）。根据海关总署公告 2010 年第 43 号文件规定，应征进口税税额在人民币 50 元（含 50 元）以下的，海关予以免征。2016 年"四八新政"出台的同时，行邮税税率进行了相应的调整，从原先的 10%、20%、30%和 50%四档税率调整为 15%、30%和 60%。2019 年 4 月又做了两方面的调整，一是将税目 1、2 的税率分别由现行 15%、25%调降为 13%、20%；二是将税目 1"药品"的注释修改为，对国家规定减按 3%征收进口环节增值税的进口药品（目前包括抗癌药和罕见病药），按照货物税率征税。最新的行邮税税率表如表 7-4 所示。

表 7-4 最新行邮税税率表

税 号	物 品 名 称	税 率
1	书报、刊物、教育用影视资料；计算机、视频摄录一体机、数字照相机等信息技术产品；食品、饮料；金银；家具；玩具、游戏品、节日或其他娱乐用品	13%
2	运动用品（不含高尔夫球及球具）、钓鱼用品；纺织品及其制成品；电视摄像机及其他电器用具；自行车；税目 1、3 中未包含的其他商品	20%
3	烟、酒；贵重首饰及珠宝玉石；高尔夫球及球具；高档手表；化妆品	50%

（6）对于非个人的企业跨境进口商品，按一般进口货物的相关规定征收关税、进口环节的增值税与消费税。

3）境外商家

境外商家不适用我国境内税收政策的相关规定。

4）其他服务提供商

在跨境进口业务中，物流与支付结算是两个关键环节。

物流公司收取的运输费用按"交通运输服务"缴纳增值税，其中，涉及国际运输服务的可适用增值税零税率，如果是以无运输工具承运方式提供国际运输服务的，免征增值税。物流公司收取的仓储费用按"物流辅助服务——仓储服务"缴纳增值税，增值税一般纳税人可以选择适用简易计税方法适用 3% 的征收税率。

结算公司收取的费用按"金融服务——直接收费金融服务"缴纳增值税。

7.2.2 我国跨境出口税务模式与税务处理

1. 跨境出口税务模式

1999 年，阿里巴巴实现了跨境出口的互联网化，发展至今，跨境出口电商经历了信息服务、在线交易、全产业链服务三个阶段。根据对象不同，跨境电商可分为 B2B、B2C、C2C，根据服务方式的不同，跨境电商可分为第三方开放平台与自营型平台或两者的结合。随着跨境出口电商的发展，物流是跨境出口电商的关键环节，常见的有 EMS、中邮小包、TNT、UPS 等。为了改善用户体验、降低物流成本，越来越多卖家开始自建或寻找第三方海外仓备货。

出口税的征税对象不限于作为商品流通进出口的外贸货物，也可以包括旅客携带、托运或邮寄的货物。由于开征出口税会提高国内产品在国外市场的销售价格，降低竞争力，各国很少开征出口税。但是并不是说跨境电商出口没有税，目前跨境电商板块对于我国对外贸易有重要的战略意义，国家在鼓励支持的基础上，逐步引导企业不断合规，在合规的情况下降低税负。

2. 跨境出口税务处理

对于跨境出口电商，相关主体的税务处理如下。

1）电商平台

根据电商平台性质的不同、提供服务的差异，电商平台通常涉及下列收入：

（1）平台服务费。跨境出口电商平台一般会收取刊登费（如 eBay）、平台月费（如亚马逊）、技术服务费（如速卖通）等，均需按"信息技术服务——信息系统增值服务"计算缴纳增值税。值得一提的是，阿里巴巴的速卖通自 2016 年 1 月开始，对所有平台按照所属行业分别收取技术服务费，收取的服务费将按不同的行业以不同的年销售总额来进行返还。对此，速卖通在收到技术服务费时缴纳增值税，当根据销售业绩返还一定比例服务费时，按照《财政部、国家税务总局关于全面推开营业税改征增值税试点的通知》规定的销售折扣折让处理，开具增值税红字发票冲减销售收入、增值税销项税额。

（2）成交手续费。跨境出口电商平台会根据各自的业务规则收取不同比例的成交手续费，如亚马逊根据不同行业收取不同比例的佣金（见表 7-5），需按"商务辅助服务——经纪代理服务"缴纳增值税。

表 7-5　亚马逊平台佣金

商 品 分 类	佣 金 比 例
金条、银条	5%
手机通信、数码、数码配件、计算机、办公用品、大家电、个护健康、美容化妆、食品	8%
图书、音乐、服装鞋靴、箱包配饰、运动户外休闲、家居（床上用品、卫浴、厨具、家居装修、园艺、工具）、小家电、玩具、母婴、酒类、乐器、汽车用品、其他	10%
宠物用品、钟表	12%
珠宝首饰	15%

（3）其他。境内商家入驻境外的跨境电商平台出口商品，例如入驻 Wish 平台（跨境电商界的"黑马"，主打跨境电商平台移动端），平台向境内的单位或个人收取的服务费，属于《财政部、国家税务总局关于全面推开营业税改征增值税试点的通知》第十三条规定的"境外单位或者个人向境内单位或者个人销售完全在境外发生的服务"不征增值税。《国家税务总局关于外贸综合服务企业出口货物退（免）税有关问题的公告》规定，为国内中小型生产企业出口提供物流、报关、信保、融资、收汇、退税等服务的外贸企业为外贸综合服务企业，该类企业以自营方式出口国内生产企业与境外单位或个人签约的出口货物，符合文件规定的具体条件的，可由外贸综合服务企业按自营出口的规定申报退（免）税。据此，一达通、外综服等 B2B 平台即可以外贸综合服务平台的身份提供出口贸易服务并申报退免税。

2）境内商家

根据《关于跨境电子商务零售出口税收政策的通知》，电子商务出口企业出口货物

[财政部、国家税务总局明确不予出口退（免）税或免税的货物除外，下同]，同时符合下列条件的，适用增值税、消费税退（免）税政策：

① 电子商务出口企业属于增值税一般纳税人并已向主管税务机关办理出口退（免）税资格认定；

② 出口货物取得海关出口货物报关单（出口退税专用），且与海关出口货物报关单电子信息一致；

③ 出口货物在退（免）税申报期截止之日内收汇；

④ 电子商务出口企业属于外贸企业的，购进出口货物取得相应的增值税专用发票、消费税专用缴款书（分割单）或海关进口增值税、消费税专用缴款书，且上述凭证有关内容与出口货物报关单（出口退税专用）有关内容相匹配。

不符合上款规定，但同时符合下列条件的，适用增值税、消费税免税政策：

① 电子商务出口企业已办理税务登记；

② 出口货物取得海关签发的出口货物报关单；

③ 购进出口货物取得合法有效的进货凭证。

从事一般跨境出口业务（非零售业务），即 B2B 的境内商家，其向境外销售商品按一般货物出口办理，根据具体情况进行增值税退/免税。

为进一步促进跨境电子商务健康快速发展，培育贸易新业态新模式，我国于 2018 年 9 月又出台了《关于跨境电子商务综合试验区零售出口企业所得税核定征收有关问题的公告》，明确了跨境电子商务综合试验区内的跨境电商零售出口货物有关税收政策。

3）境外消费者

境外消费者不适用于我国境内税收政策的相关规定。

4）其他服务提供商

同"跨境进口税务处理"的"其他服务提供商"部分。

7.3 跨境电商支付与结算的税务风险及防控

税收政策直接影响跨境电商的发展，跨境电商进口涉及行邮税或"关税 + 增值税 + 消费税"等税收问题，跨境电商出口涉及出口货物的增值税和消费税的退（免）优惠，即出口退税问题。无论是跨境电商进口还是跨境电商出口，税收将导致经营成本增加、利润稀释、价格优势丧失及市场竞争力削弱，对跨境电商进出口产生较大的影响。因此，在支付与结算环节，跨境电商的税务风险是当前跨境电商的又一个不可回避的实际问题。那么，跨境电商支付与结算的税务风险有哪些呢？应如何防控？

7.3.1 跨境电商支付与结算的税务风险

跨境电商支付和结算环节面临的税务风险主要是由进出口税务政策变化而产生的，会对跨境电商进出口商产生较大的影响，主要包括跨境电商进口税务风险和跨境电商出口税务风险。

1. 跨境电商进口税务风险

跨境电商进口税务风险主要是指由于税务政策的调整，对跨境电子商务进口商产生的税务成本上升的风险。

之前我国跨境电商进口行业准入不规范、代购主体参差不齐、税收形式单一等问题，加上各地在执行过程中"分而治之"，导致跨境电商进口的"低价爆款"现象频发。对此，财政部、海关总署、国家税务总局于 2016 年 4 月出台了"四八新政"。新政自发布后，给跨境电商进口市场带来巨大冲击，商务部分别于 2016 年 5 月 11 日、11 月 15 日两次延长新政过渡期到 2017 年年底。之后又多次进行调整，逐渐营造了一个公平的市场环境。

新政具有三个特征：一是增设税种，由新政前的单一行邮税调整为行邮税、关税+增值税+消费税并存；二是提高单次交易限值，将行邮税政策中的 1000 元提高至 2000 元（2019 年 1 月 1 日上调为 5000 元）；三是增设交易限额，即单次交易超过 2000 元（现上调到 5000 元）或个人年度累计超过 20 000 元（现上调到 26 000 元），将按一般贸易方式全额征税。因此，新政的实施意味着我国跨境电商进口的"政策红利"终结，对用户和跨境电商商家都造成了不小的影响及风险。

首先，直接风险为成本增加、商品售价提高、利润摊薄，无论是个体消费者还是电商平台都要认真算算成本和售价了。跨境电商在 2014 年大规模兴起后，在国家海关税率政策不明朗的情况下，利用灰色地带，攫取了不少利润。对跨境电商这一新事物，国家一直按照行邮税进行清关、50 元以下免税的政策，让不少电商平台和商家钻了空子。但是依据"四八新政"，当前在大众生活中的热销商品（如食品、保健品类、母婴商品等）不再按之前 10%的行邮税标准纳税，而是按 11.9%的税率纳税，增加了消费者的购买成本，压低了跨境电商商家的利润空间，商家们再想钻政策的空子是不可能了。

其次，间接风险表现为面临经营产品结构调整带来的市场风险。原有的低价爆款商品面临税收成本的大幅提升而无法经营，因而需要开发新产品；"四八新政"实施之前 50 元以下免税额商品居多，"四八新政"实施之后，新的税率使得这些低价商品的利润降低，而对于价格较高的商品类别，如化妆品，尤其是百元以上化妆品，"四八新政"实施前的税率为 50%，"四八新政"实施后的税率为 32.9%。税改后，高价化妆品所需缴纳的税额反而下降了，利润空间大大提高，这一改变间接促使商家改变销售策略，调整经营品类，同时也将面临因调整经营结构带来的新的市场风险。

最后，"四八新政"将跨境电商进口商品交易缴税归到一般贸易模式征税制度下。跨境电商企业所面临的问题是正面清单与通关单。"正面清单"的实行，大幅限制了跨境商品进口品类。"四八新政"则要求进口商品税号需要满足前置审批条件才能获取"进口通关单"，但若国内外产品特性或者工艺标准不同，导致跨境电商企业无法及时提供通关单要求的各项材料，就会延长许可证的办理时间，使得进口商品通关进程放缓，影响跨境电商企业的商品进口业务。

此外，保税商品监管模式的改变，使很多保税区出现了保税仓库空置，部分跨境电商平台也因此出现了补货难的局面。跨境电商企业业务范围的缩小，也会使仓储行业陷入困境，导致前期的资金投入无法得到有效的利用，造成资源的浪费，相关开展保税业务的企业或将面临损失。

2. 跨境电商出口税务风险

目前在支付和结算环节，跨境电商出口企业在境内面临的税务风险主要涉及增值税、企业所得税和个人所得税；在境外面临各国不断变化的税收政策。

1）缺少增值税进项发票导致无法正常出口收汇

按照《中华人民共和国增值税暂行条例》和税务部门的有关规定，出口环节如没有增值税进项发票，不仅不能退税，反而需要缴纳13%的增值税。诸多跨境电商企业，只要采购的是无票货物，都无法正常报关出口和收汇，只能采用0110买单出口或市场采购1039等方式解决出口通关问题。

2）通过结汇到个人账户规避企业所得税

按照《中华人民共和国企业所得税法》的规定，居民企业应当就其来源于中国境内、境外的所得缴纳企业所得税。企业所得税的税率为25%。目前部分跨境电商为了逃避高额税负，通过第三方支付机构收汇到境内个人账户，规避企业所得税。这种做法是典型的偷税行为，未来会面临很大的税务风险。

3）个人所得税未合规申报纳税

按照《中华人民共和国个人所得税法》的规定，居民个人从中国境内和境外取得的所得，都需要缴纳个人所得税。工资薪金等综合所得税率为3%～45%；经营所得税率为5%～35%；其他所得税率为20%。目前很多跨境电商企业直接将收入划入个人账户，但是个人收入未按照规定申报纳税。

4）税收征管存在重大风险

《中华人民共和国税收征收管理法》第六十三条规定，纳税人伪造、变造、隐匿、擅自销毁账簿、记账凭证，或者在账簿上多列支出或者不列、少列收入，或者经税务机关通知申报而拒不申报或者进行虚假的纳税申报，不缴或者少缴应纳税款的，是偷税。对纳税人偷税的，由税务机关追缴其不缴或者少缴的税款、滞纳金，并处不缴或者少缴的税款百分之五十以上五倍以下的罚款；构成犯罪的，依法追究刑事责任。

例如，北京市国税局调查的天猫和京东商家的税务问题，这也是跨境电商出口企业面临的普遍问题。账面销售额巨大，但是申报的销售数据和缴纳的税额很少。在数字化交易的时代，数据累计和数据透明是基本的特点，如果没有采取一定的措施，税务风险无法释放。

5）进口国对边的税收政策带来的风险

中国是当今世界电子商务发展的领头羊，面对源源不断的中国商品"入侵"，不少国家确实感到了隐忧。各国不甘被境外电子商务"入侵"，采取多种方式限制或基本禁止本国居民海淘，如目前欧洲和英国的 VAT 政策。从全球来看，阿根廷、巴西等南美洲国家，成为对跨境电商征税最为严苛的地区。各国多变的税收政策不仅给我国跨境电商出口商带来较大的税务成本，同时也带来了较大的经营风险。

7.3.2 跨境电商支付与结算的税务风险防控

针对跨境电商进出口的税务风险，跨境电商进出口商可采取以下措施来进行防控。

1. 跨境电商进口税务风险的防控

对于跨境电商进口税务风险，建议跨境电商进口商采取以下应对措施。

1）消费品进口建构海外仓

随着我国跨境电商进口贸易中的用户规模不断增长，以及消费者的消费需求和消费观念不断升级，进口企业建设海外仓，在海外市场的销售、配送，可方便消费品跨境电子商务业务的开展，有两个好处。

（1）能够满足消费者对于采购便利性的偏好。与传统的跨境电商物流配送相比，通过设立海外仓，商家可在交易之前就将商品存储到海外仓，可以避免跨境物流报关、报检、运输等环节的意外风险，有效保证网络商家按时供货，减少物流环节的预留时间。货物配送时间的缩短能够提升消费者的购物感，增强消费者的购买意愿，提高商家成交率。

（2）降低国际物流仓储成本。如果在进口国（或地区）境内建立海外仓，就可以利用海运方式批量运送货物完成运输。一般情况下，海外仓能够使国际物流成本下降，提高 20%~40% 的通关效率，大幅节约单件商品运输成本。

2）开拓进口模式多渠道，吸引潜在用户

不同的商品在不同的进口模式下适用不同的税收标准，企业可以依据各方标准进行计算，灵活选择，优化平台服务。

3）重视产品供应链管理

要使自身获得更好的发展前景，企业就要想办法占有供应链的优势，并建立起电商企业主体的责任意识，自觉完善企业监管措施，对于清单中和日常经营中的进口商品，主动采取严格的监管措施。随着行业市场逐渐走向规范化，跨境电商企业需要认清趋势，将行业发展与国内消费升级的趋势相融合，制定与其相适应的目标规划，提高企业管理水平，实现我国跨境电商行业稳固发展。

2. 跨境电商出口税务风险的防控

在境内，跨境电商板块对于国家有重要的战略意义。国家要在鼓励、支持的基础上，逐步引导企业不断合规，在合规的情况下降低税负。跨境电商出口企业采用海关9610/9710/9810通关模式申报，可以享受无票免征和核定征收政策。

1）无票免征解决增值税问题

参照《关于跨境电子商务综合试验区零售出口货物税收政策的通知》，通过综合试验区所在地海关办理电子商务出口申报手续，即可免征出口环节增值税和消费税。

2）核定征收解决企业所得税问题

参照《关于跨境电子商务综合试验区零售出口企业所得税核定征收有关问题的公告》，综合试验区内核定征收的跨境电商企业应准确核算收入总额，并采用应税所得率方式核定征收企业所得税，应税所得率统一按照4%确定。

例如，某跨境电商企业销售额为5000万元，实际利润为1000万元，按照税收规定，需要缴纳25%的企业所得税，即250万元。剩余的750万元如果分红给股东，需要缴纳20%的个人所得税，即150万元。目前，通过买单报关、个人账户进行收付汇等方式，该企业逃避税收400万元（包括250万元的企业所得税和150万元的个人所得税）。按照法律规定，除了补税400万元，该企业还需要缴纳滞纳金，每天5‰，一年18.25%；罚款最少为0.5倍，即200万元。如税务部门通知补税、罚款而不主动配合，该企业还会面临刑事责任的风险。

参照跨境电商税收新政，销售额为5000万元，应税所得率按照4%确定，其应税所得为200万元，叠加适用小微企业的税收优惠政策，则仅需缴纳15万元的企业所得税，税率仅为销售收入的0.3%，较之前的一般贸易有较大优势。

在境外，面对出口国不断变换的税收政策，建议商家关注各国（或地区）税收的最新动态，及时调整运营策略，以不变应万变。

总之，企业在发展过程中，需要时刻关注国内外的税收政策，注意合规风险，防控跨境电商出口过程中的税务风险。

本章小结

跨境电商支付与结算中涉及多种税务，有进口税务和出口税务，如关税、增值税、退税等。本章主要介绍了我国跨境电商支付与结算中的税务相关政策、税务改革的历程及现行的税务政策，我国跨境电商出口和进口的税务模式，税务改革带来的风险及如何防控。通过本章的学习，读者能够熟悉我国有关跨境电商支付与结算税务的相关政策，具备处理跨境电商税务的基本能力。

课后习题

一、选择题

1. 中国公民曾女士于2020年4月通过跨境电商购买2瓶高档香水，关税完税价格（不含税的实际交易价格）为1600元。假设香水进口关税税率为20%，则曾女士上述行为需要缴纳消费税（ ）元。

    A. 237.18 B. 282.35
    C. 197.65 D. 0

2. 小明在某跨境电商平台买了一罐奶粉，购买价格为280元，则其在进口环节缴纳的跨境电商综合税为（ ）元。

    A. 28 B. 25.48
    C. 20.6 D. 0

3. 高档手表税率是（ ）。

    A. 50% B. 60%
    C. 0 D. 20%

4. 目前个人单次交易限值为（ ）元人民币。

    A. 5000 B. 2000
    C. 20 000 D. 26 000

5. 海关放行后30日内未发生退货或修撤单的，代收代缴义务人在放行后（ ）内向海关办理纳税手续。

    A. 第31日至第45日 B. 第31日至第50日
    C. 第31日至第60日 D. 第31日至第90日

6. 应征进口税税额为人民币（ ）元以下的，海关予以免征。

    A. 1000 B. 500
    C. 200 D. 50

二、判断题

1. 进口的零售商品现在免征关税。 （ ）
2. 出口商品在部分进口国需要缴纳 VAT。 （ ）
3. 进口的商品都需要交行邮税。 （ ）
4. 税收新政实施后税负减少了。 （ ）
5. 消费者在天猫上购买的进口商品的进口税由天猫代缴。 （ ）

三、简答题

1. 跨境电商出口税务主要有哪些?
2. 跨境电商进口税务主要有哪些?
3. 支付与结算中的税务风险有哪些?
4. 2019 年 6 月 1 日，小王在跨境平台商购买了一本书，价值 120 元，他该怎么交税? 交多少?

第8章 跨境电商支付与结算的技术分析

● 学习目标

- 了解跨境电商支付与结算系统的技术架构；
- 了解跨境电商支付与结算系统的业务架构；
- 掌握区块链技术和移动支付技术；
- 熟悉跨境电商支付与结算的技术风险及防控。

● 学习重难点

- 重点：区块链技术和移动支付技术；
- 难点：跨境电商支付与结算的技术风险及防控。

● 本章思维导图

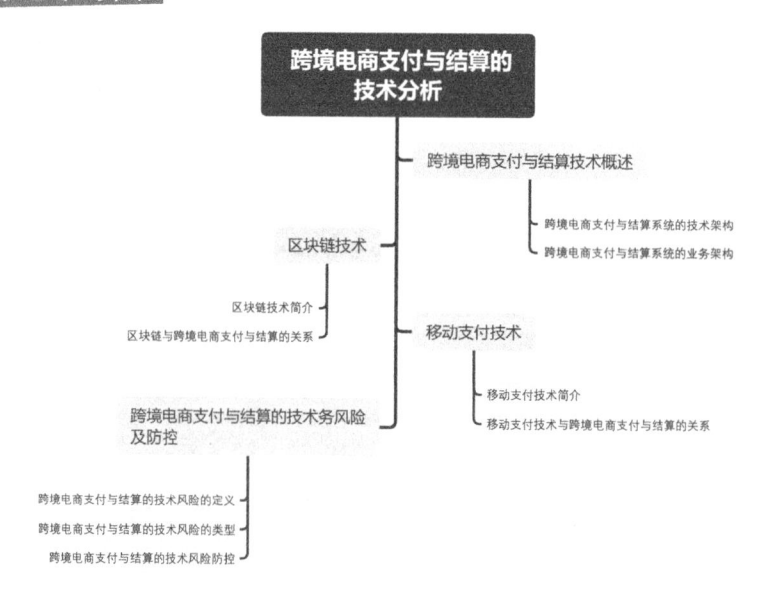

```
跨境电商支付与结算的技术分析
├── 跨境电商支付与结算技术概述
│   ├── 跨境电商支付与结算系统的技术架构
│   └── 跨境电商支付与结算系统的业务架构
├── 区块链技术
│   ├── 区块链技术简介
│   └── 区块链与跨境电商支付与结算的关系
├── 移动支付技术
│   ├── 移动支付技术简介
│   └── 移动支付技术与跨境电商支付与结算的关系
└── 跨境电商支付与结算的技术务风险及防控
    ├── 跨境电商支付与结算的技术风险的定义
    ├── 跨境电商支付与结算的技术风险的类型
    └── 跨境电商支付与结算的技术风险防控
```

8.1 跨境电商支付与结算技术概述

跨境电商支付与结算需要专门的支付与结算系统及技术的支持。买家支付之后，收单机构和卖家所在地的银行合作，通过购汇、付汇的方式来实现本币消费、外币结算。例如，我国境内买家通过微信支付平台用人民币支付，微信支付平台用外币向境外商家进行支付与结算。目前我国已经建成 CIPS，专门用来处理人民币跨境结算。境内/外银行直接接入 CIPS，就可以实现人民币的收付功能。

8.1.1 跨境电商支付与结算系统的技术架构

一般支付系统从架构上来说分为三层。

（1）支撑层：用来支持核心系统的基础软件包和基础设施，包括运维监控系统、日志分析系统等。

（2）核心层：支付系统的核心模块，内部又分为支付核心模块及支付服务模块。

（3）产品层：通过核心层提供的服务组合起来，对最终用户、商户、运营管理人员提供服务的系统。

1. 支撑系统

支撑系统是支持支付系统运行的基础设施，主要包括如下组成部分。

1）运维监控系统

支付系统在运行过程中不可避免地会受到各种内部和外部的干扰，如光纤被挖断、黑客攻击、数据库被误删、上线系统中有漏洞等，运维人员必须在第一时间对这些意外事件做出响应，但运维人员不能时刻盯着，因此需要一个运维监控系统来协助完成。

2）日志分析系统

日志是支付系统统计分析、运维监控的重要依据。公司需要提供基础设施来支持日志统一收集和分析。

3）短信平台

短信平台在支付系统中有重要作用，如身份验证、安全登录、找回密码及报警监控等，都需要短信平台的支持。

4）安全机制

安全是支付的生命线。SSL 协议、证书系统、防刷接口等，都是支付的必要设施。

5）统计报表

支付数据的可视化展示，是公司进行决策的基础。远程连接管理、分布式计算、消息机制、全文检索、文件传输、数据存储、机器学习等,都是构建大型系统所必须的基础软件,这里不再一一详细介绍。

2. 支付核心系统

支付核心系统是用户执行支付的核心模块,包括以下具体流程:用户从支付应用启动支付流程;支付应用根据应用和用户选择的支付工具调用对应的支付产品来执行支付命令;支付路由根据支付工具、渠道费率、接口稳定性等因素选择合适的支付渠道来落地支付;支付渠道调用银行、第三方支付等渠道提供的接口来执行支付操作,最终落地资金转移。

3. 支付服务系统

支付服务系统又分为基础服务系统、资金系统、风控和信用系统。

1)基础服务系统

基础服务系统提供支撑线上支付系统运行的基础业务功能,具体如下。

(1)客户信息管理,包括对用户、商户的实名身份、基本信息、协议的管理。

(2)卡券管理,包括对优惠券、代金券、折扣券的制作、发放、使用流程的管理。

(3)支付通道管理,包括对通道接口、配置参数、费用、限额等的管理。

(4)账户和账务系统,主要用来管理账户信息及交易流水、记账凭证等。对于线上系统的账务,采用单边账的记账方式。内部账记录在会计核算系统中。

(5)订单系统,一般可以独立于业务系统。这里的订单主要指支付订单。

2)资金系统

资金系统指围绕财务会计而产生的后台资金核实、调度和管理的系统,具体提供如下功能。

(1)会计核算:提供会计科目、内部账务、试算平衡、流水登记、核算和归档的功能。

(2)资金管理:管理公司在各个支付渠道的头寸,在余额不足时进行打款。对于第三方支付机构,还需要对备付金进行管理。

(3)清算分润:对于有分润需求的业务,还需要提供清分清算、对账处理和计费分润功能。

3)风控和信用系统

风控系统是支付系统必备的基础功能,所有的支付行为必须做风险评估并采取对应的措施;信用系统是在风控系统的基础上发展起来的高级功能,如京东白条、蚂蚁花呗等,都是成功的案例。

4. CIPS

CIPS 是专门的人民币跨境结算系统，其建设架构主要包括运行架构、参与主体及监管架构。

1）CIPS 的运行架构

CIPS 的运行主要由以下三部分共同组建。

第一部分是银行前端系统，主要是负责业务的实际操作，如参与者变更或新增等日常维护工作、转汇查询或单笔业务多次查询等查询重复工作，以及收汇、退汇等基础业务。

第二部分是行内系统接口层，负责与银行前端系统进行通信。

第三部分是中国人民银行 CIPS 接口层，主要负责与中国人民银行 CIPS 进行通信，如报文的收发等业务。

2）CIPS 的参与主体

CIPS 的参与主体构成主要参考美国的纽约清算所银行同业支付系统（Clearing House Interbank Payment System，CHIPS），在系统中添加了直接参与者和间接参与者两个角色。直接参与者是指在系统中开立账户，拥有行号，并将此行号作为其唯一标识，在系统中可直接进行业务操作的机构。间接参与者是指不具备在系统中开立账户的资质，需要通过与直接参与者进行合作，委托直接参与者办理业务的机构。

3）CIPS 的监管架构

第一，在监管部门方面，权限自中国人民银行层层下放至商业银行总行，再由商业银行总行负责对各省级分行的业务进行监督指导，以此类推，逐级监管。

第二，建立了更加严谨的监管体系。中国人民银行发布了一系列针对突发状况的应急处理预案，一旦出现情况，即可参照规程进行相应处理。

中国人民银行是 CIPS 的监督指导机构，负责监督、管理 CIPS 的日常运行及系统维护等工作。为充分发挥 CIPS 的职能、提高 CIPS 的运行效率，中国人民银行公布了《人民币跨境支付系统业务暂行规则》《人民币跨境支付系统业务操作指引》《人民币跨境支付系统参与者服务协议》三个主要规章制度，用以明确参与者的访问标准，以及账户管理和业务处理方面的要求，作为保证 CIPS 平稳运行的基础。

具体来讲，中国人民银行主要从以下三方面监督 CIPS 业务的发展情况。

第一，信息采集。中国人民银行定期查阅跨境银行间支付清算有限责任公司的财务报表、审计报告、法律法规、人民币跨境收付信息管理系统（RMB Cross Border Payment & Receipt Management Information System，RCPMIS）中的申报数据等重要报告、报表，做到实时监测、及时督导。

第二，现场检查。一旦系统中的数据有任何异常或对相关报告有异议，人民银行跨境支付办便会派遣专业检察人员亲临现场与机构人员进行面谈,并进行实时合规性培训,以此保证 CIPS 的长远发展。

8.1.2 跨境电商支付与结算系统的业务架构

结合跨境电商支付与结算系统的技术架构,其业务架构主要包括以下五大模块,如图 8-1 所示。

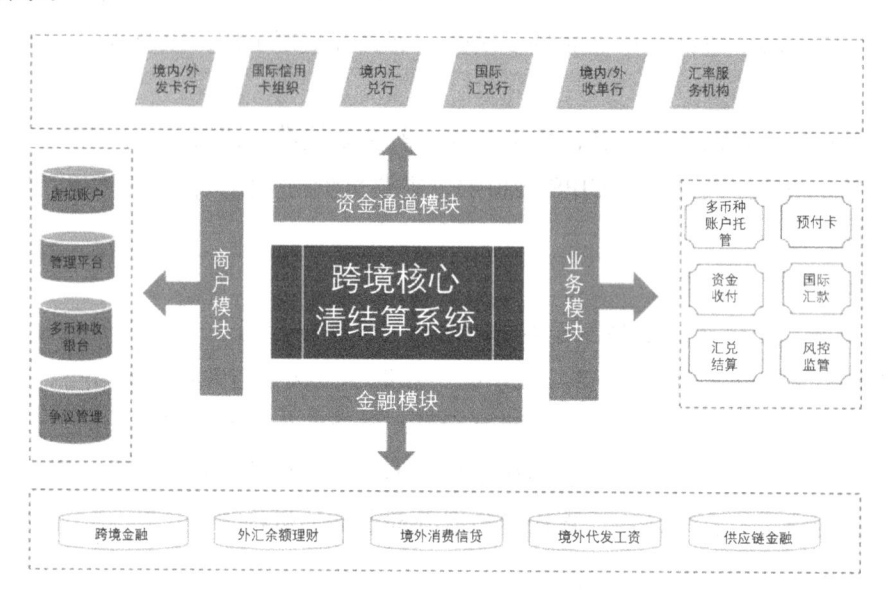

图 8-1 跨境电商支付与结算系统的业务架构

1. 商户模块

商户模块包括虚拟账户、管理平台、多币种收银台、争议管理。

2. 资金通道模块

资金通道模块接入了境内/外发卡行、国际信用卡组织、境内汇兑行和国际汇兑行和境内/外收单行及汇率服务机构。

3. 业务模块

业务模块实际上就是提供业务解决方案的模块,包括多币种账户托管、预付卡、资金收付、国际汇款等。

4. 金融模块

金融模块是基于基础支付服务搭建的跨境金融、外汇余额理财、境外消费信贷等增值服务模块。

5. 跨境核心清结算系统

跨境核心清结算系统是跨境电商支付与结算的业务架构最核心的模块，是支持多币种、多发卡行、多卡种清结算的基础，是跨境支付服务输出的大脑。

8.2 区块链技术

近年来，我国各地区都在积极制定区块链产业发展规划、出台产业扶持政策和专项扶持资金政策，区块链技术相继在政务、金融、供应链、能源、化工、农业、医药医疗、汽车、知识产权等产业落地应用。目前，不管是在东部地区，还是在中西部地区，区块链已然成为各地奋力追赶的数字经济新高地。在跨境贸易中，区块链技术也在凸显它的重要性，如海关、港口、商务、税务、园区、货站等单位数据"上链"共享，可提高跨境贸易的效率。

8.2.1 区块链技术简介

1. 区块链技术的定义

区块链是分布式数据存储、点对点传输、共识机制、加密算法等计算机技术的新型集成应用模式。广义上讲，区块链技术是利用块链式数据结构来验证与存储数据、利用分布式节点和共识机制来生成和更新数据、利用密码学技术保证数据传输和访问的安全、利用由自动化脚本代码组成的智能合约来编程和操作数据的一种全新的分布式基础架构与计算方式。区块链本质上是一种互联网数据库技术，其基本原理理解起来并不难。其基本概念如下。

（1）交易（Transaction）：每进行一次操作，账本状态发生一次改变，如添加一条记录。

（2）区块（Block）：记录一段时间内发生的交易和状态结果，是对当前账本状态的一次共识。

（3）链（Chain）：由一个个区块按照发生顺序串联而成，是对整个账本状态变化的日志记录。

如果把区块链当作一个状态机，则每次交易就是试图改变一次状态，而每次共识生成的区块，就是参与者对于区块中所有交易内容导致状态改变的结果进行的确认。

用通俗的话阐述：如果我们把数据库假设成一本账本，那么读写数据库就可以看作记账行为，区块链技术的原理就是在一段时间内找出记账最快、最好的人，由这个人来记账，然后将账本的这一页信息发给整个系统里的其他所有人。这也就相当于改变数据库所有的记录,发给全网的其他每个节点,所以区块链技术也称分布式账本技术。

2. 区块链技术的特征

1）去中心化

区块链技术不依赖额外的第三方管理机构或硬件设施,没有中心管制,除了自成一体的区块链本身,通过分布式节点核算和存储数据,各个节点均实现了信息的自我验证、传递和管理。去中心化是区块链的本质特征之一。

2）开放性

区块链技术基础是开源的,除交易各方的私有信息被加密外,区块链的数据对所有人开放,任何人都可以通过公开的接口查询区块链数据和开发相关应用,因此整个系统的信息高度透明。

3）独立性

基于协商一致的规范和协议(类似比特币采用的哈希算法等各种数学算法),整个区块链系统不依赖其他第三方,所有节点均能够在系统内自动、安全地验证、交换数据,不需要任何人为的干预。

4）安全性

如果不能掌控51%及以上的数据节点,就无法肆意操控修改网络数据,这使区块链本身变得相对安全,避免了主观、人为的数据变更。

5）匿名性

除非有法律规范要求,单从技术上来讲,各区块节点的身份信息不需要公开或验证,信息传递可以匿名进行。

8.2.2 区块链技术和跨境电商支付与结算的关系

区块链通过简化流程和将每条交易数据存储在一个安全的分布式账本中的方式,解决了传统跨境电商支付与结算系统的种种缺陷。一旦记录了交易,接收方就可以获得支付且没有中间人,没有延误,没有不必要的费用。一旦付款入账,就不能进行逆转或更改,从而增强了整体的问责性和安全性。

传统跨境电商支付与结算记录由一个中心化机构如银行保管时,很容易受到干扰。如果该权限被攻击、损坏或脱机,则用户的数据可能受到损害。使用区块链技术,所有的交易记录都被加密保护,与以前的交易绑定,并在所有参与者之间分发。要篡改数据,黑客必须修改账本中所有早期交易——这使得区块链几乎无法被破解。

以转账为例,目前我们的转账大多是中心化的,银行就是一个中心化账本。如A的账户中有400元,B的账户中有100元。当A要转100元给B时,A要通过银行提交转账申请,银行验证通过后,就从 A 的账户中扣除 100 元,在 B 的账户中增加 100 元。计算后 A 的账户扣除 100 元后余额为 300 元,B 的账户增加 100 后余额为 200 元。

银行转账和区块链转账对比示意图如图 8-2 所示。

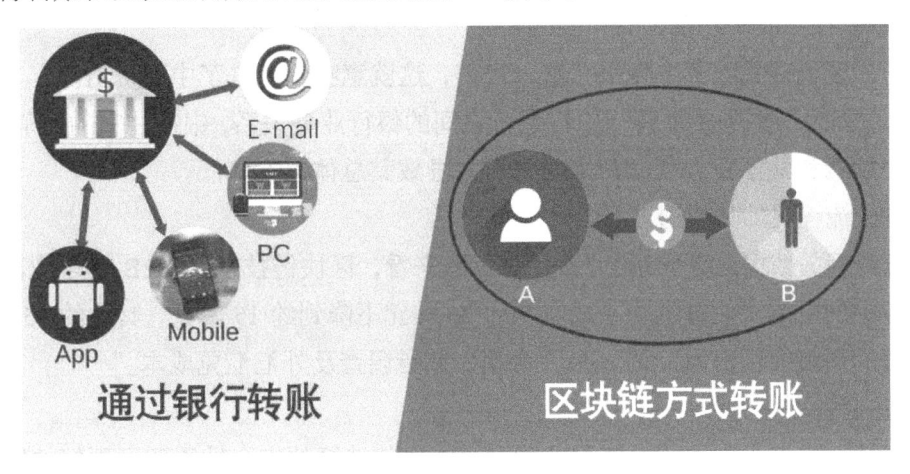

图 8-2 银行转账和区块链转账对比示意图

区块链转账的步骤:当 A 要转 100 元给 B 时,A 就会通过网络把要转账的这个信息告诉大家,大家会去查看 A 的账户中是否有足够的钱去完成这次转账。如果验证通过,那么大家就把这个信息都记录到自己的区块链中,且每个人记录的信息都是同步、一致的,这样 A 就顺利地将 100 元转移到了 B 的账户中。可以看到,这中间不需要银行,如图 8-3 所示。

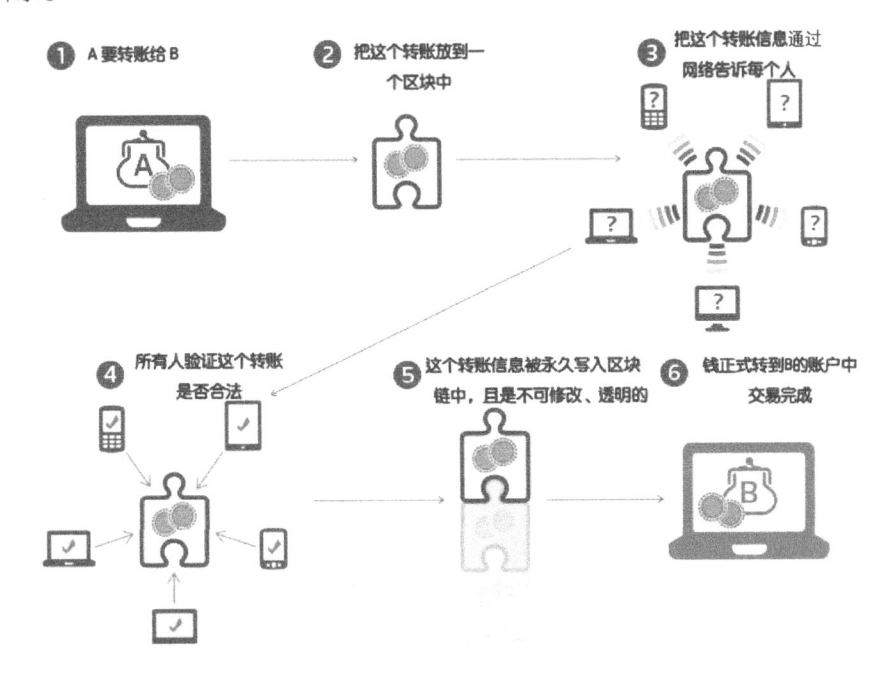

图 8-3 区块链转账的步骤

可以看出，与传统跨境电商支付与结算方式相比，区块链转账是在双方之间直接进行的，不涉及中间机构，即使部分网络瘫痪也不影响整个系统的运行，成本低廉。具体来讲，区块链在跨境电商支付与结算场景中的应用优势主要体现在以下几个方面。

1）降低操作成本和费用

首先，区块链免除了中转银行这一环节，这就意味着免去了中间费用。

其次，因为不再需要维持与中转银行之间的银行业务关系，银行之间的竞争会加剧，给银行手续费和外汇业务利润带来压力，并导致其总体成本降低。

最后，流程更加具有透明性。

麦肯锡相关数据预算显示："从全球范围来看，区块链技术在 B2B 跨境电商支付与结算业务中的应用将使每笔交易成本从约 26 美元下降到约 15 美元，其中约 75% 为中转银行支付的网络维护费用，约 25% 为合规、差错调查及外汇汇兑成本。"

2）安全性更有保障

区块链的分布式账本技术使得跨境电商支付与结算的安全性得到了更好的保障。

3）交易总体速度加快

在未来，银行与银行之间不再需要通过第三方，而是通过区块链技术打造的点对点支付方式进行支付，使得传统的中间环节可以省去，实现全天候实时支付与到账，提现便捷、快速，满足了跨境电商支付与结算的及时性和便捷性需求，从整体上提升了交易速度。

但是，区块链技术还存在很多不确定性。同时，区块链技术对中国人民银行有一个"假设挑战"，因为它削弱了跨境电商支付与结算对中国人民银行的需求。这种技术的性质意味着它并不容易融入我国现有的监管框架内，数字货币的无国界特性也对其监管提出了挑战。

8.3 移动支付技术

根据全球移动支付市场的一份报告，预计移动支付市场将以每年 33% 的速度增长，到 2026 年，它将达到 4570 亿美元大关，移动支付也将成为跨境电商支付与结算的主流方式。

8.3.1 移动支付技术简介

移动支付也称手机支付，就是允许用户使用其移动终端（通常是手机）对其所消费的商品或服务进行账务支付的一种服务方式。移动支付主要分为近场支付和远程支付两种。所谓近场支付，就是用手机刷卡的方式坐车、买东西等，很便利。远程支付是指，通过发送支付指令（如网银、电话银行、手机支付等）或借助支付工具（如通过邮寄、汇款）进行的支付方式，如掌中付推出的掌中电商、掌中充值、掌中视频等。移动支付技术就是实现移动支付功能的技术。

1. **移动支付技术实现方案**

目前移动支付技术实现方案主要有五种：双界面 CPU 卡，SIM Pass，RFID-SIM，NFC 和智能 SD 卡。

1）双界面 CPU 卡（基于 13.56Hz）

双界面 CPU 卡是一种同时支持接触式与非接触式两种通信方式的 CPU 卡，接触接口和非接触接口共用一个 CPU 进行控制，接触模式和非接触模式自动选择。卡片包括一个微处理器芯片和一个与微处理器相连的天线线圈。双界面 CPU 卡具有信息量大，防伪安全性高，可脱机作业，可多功能开发，数据传输稳定，存储容量大，数据传输稳定等优点。

2）SIM Pass 技术（基于 13.56MHz）

SIM Pass 是一种多功能的 SIM 卡，支持 SIM 卡功能和移动支付的功能。SIM Pass 运行于手机内，为解决非接触界面工作所需的天线布置问题提供了两种解决方案：定制手机方案和低成本天线组方案。

3）RFID-SIM（基于 2.4GHz）

RFID-SIM 是双界面智能卡技术向手机领域渗透的产品。RFID-SIM 既有 SIM 卡的功能，也可实现近距离无线通信。

4）NFC 技术（基于 13.56MHz）

NFC 技术是一种非接触式识别和互联技术。NFC 手机内置 NFC 芯片，作为 RFID 模块的一部分，即可以当作 RFID 无源标签来支付使用，也可以当作 RFID 读写器来进行数据交换和采集。

5）智能 SD 卡

在目前 SIM 卡的封装形势下，EEPROM（带电可编程只读存储器）的容量已经达到极限，通过使用智能 SD 卡来扩大 SIM 卡的容量，可以满足业务拓展的需要。

2. **移动支付的技术支撑**

从移动通信体系结构来看，支撑移动支付的技术分为四个层面。

传输层使用到的技术有 GSM、CDMA、TDMA、GPRS/UMTS、RFID/Bluetooth、红外线、非接触式芯片等；交互层使用到的技术有自动语音服务、WAP、短信、USSD、i-mode 等；支撑层使用到的技术有 WPKI/WIM、SIM、操作系统等；平台层使用到的技术有 STK、J2ME、BREW、浏览器等。其中主要技术如下。

1）GPRS/UMTS

GPRS/UMTS 支持 IP 协议下的数据通信，在 GPRS/UMTS 网络上可以开发类似于互联网支付的支付方式。

2）RFID/Bluetooth

射频识辨（Radio Frequency Identification，RFID）技术和蓝牙（Bluetooth）技术是基于射频（RF）技术的两种通信标准，可以将 RF 技术引入非接触式移动支付服务。一般情况下，在手机中内置一个非接触式芯片和射频电路，用户账户支付信息可以通过某种特殊格式的编码存放在此芯片中，以适应银行或信用卡商的认证规则。用户在支付时，只需将手机在 POS 机的读卡器前一晃，用户的账户信息就会传输到此终端，几秒后就可以完成支付认证和此次交易。

3）红外线技术

2002 年，红外线数据协会制定了一个用于移动支付的全球无线非接触支付标准：红外线金融通信（Infared Financial Messaging，IrFM）。2003 年 4 月，威士国际组织、OMC Card、Aeon Credit、日本 ShinPan 和 NTT DoCoMo 等公司将其引入并进行移动支付服务的试验，通过红外线通信将信用卡信息下载并存储在手机里，在支付时通过红外线通信将用户的信用卡信息传输到指定设备，以完成支付认证。

4）非接触式芯片技术

非接触式芯片技术是 IC 智能芯片技术与近距离无线通信技术（蓝牙技术、红外线技术等）相结合的一种新型技术，将用户信息存储在智能芯片中，通过近距离无线通信技术与其他接受处理设备进行通信，将信息按照某种格式进行加密传输。

在这些通信技术中，射频识辨技术、红外线技术与非接触芯片技术的结合是手机作为移动支付设备的技术发展主流。另外，几乎在所有的现场支付解决方案中，手机技术的支持都是重要的环节。目前有如下几种有关手机的解决方案：多功能芯片卡，双卡手机，外接无线识别模块读卡器，双插槽手机和内置的手机支付软件。

5）自动语音服务技术

自动语音服务（IVR）技术与短信服务技术类似，用户可以通过拨打某个特服号码进行移动支付。在用户支付确认和购买商品确认流程中也使用到了 IVR 技术，如在用户支付前，用户会收到一个由移动支付平台外拨的自动语音电话，用户根据电话提示进行支付；支付成功后，商户也会收到一个由移动支付平台外拨的自动语音电话，通知商户支付成功可以提供商品或服务了。

6）短信

短信是移动支付中经常用到的，用于触发交易支付、进行身份认证和支付确认的移动技术。在移动支付中，按照信息流的流向可以将短信分为上行和下行两种方式。用户使用短信的上行通道，发送特定信息（此信息格式由移动支付运营商提供，一般包括购买商品的编号、数量等）到指定的特服号进行支付。另外，商户也可以通过下行通道向客户推送一些商品或服务，如提醒充值用户进行充值，如果用户确认充值，则完成了此次的移动支付。同时，下行通道也是进行用户消费确认的渠道，用以保证支付的安全，避免支付中的欺诈行为。

7）J2ME

随着 JAVA 的移动版本 J2ME 在移动领域得到越来越广泛的应用，移动支付平台也可以引入 J2ME 建立支付平台。利用 J2ME 建立支付平台主要有以下优势。

（1）可移植性。由于 JAVA 是开放平台，众多的运营商、终端厂家及业务平台提供商都支持这一技术。因此移动支付用户端应用程序能很容易地被移植到其他遵循 J2ME 或 MIDP（移动信息设备配置文件）并且符合 CLDC（有限连接设备配置）规范的设备上。

（2）更低的网络资源消耗与服务器负载。J2ME 与 WAP、SMS 等方式的不同在于，J2ME 用户端的应用程序是从移动网络上直接下载到移动终端的，可以在断开连接模式下工作并保持数据的同步。

（3）改善用户体验。J2ME API 在图形表现、用户界面和事件处理方面的功能更为丰富。这可以从移动电话及移动设备上的各种游戏和多媒体消息传递服务看出来，这无疑能够大大改善用户体验，而这一点对于移动支付业务的发展来说至关重要。

（4）保密性高。J2ME 本身提供了面向 J2ME 的安全性和信任服务 API（Security and Trust Services API for J2ME），因此能对整个移动支付事务进行加密。不仅如此，在 WAP 和 WTLS 的支持下，入口会话能像在 SSL3.0 中所进行的那样被保护。

8.3.2 移动支付技术和跨境电商支付与结算的关系

中国互联网行业的发展速度令世界震惊，尤其是移动支付技术，被誉为中国新四大发明之一。在世界上其他发达国家包括美国还处在用现金或信用卡结算的时代时，中国的移动支付技术早已十分成熟。调查表明，中国移动支付的普及率位居全球第一，远超美国和日本。GATE 的一份市场报告强调了移动支付的快速发展，全球移动支付用户数量从 2017 年的 16 亿人跃升至 2019 年的近 21 亿人，在短短两年内实现了近 30%的增长幅度。根据 WorldPay 的全球支付报告，移动支付技术将继续其不可阻挡的增长势头，成为跨境电商支付与结算的主流技术。

1. NFC 移动支付将扩大其市场主导地位

根据 Technavio 的最新研究，到 2021 年，NFC 移动支付将占据移动支付市场超过 27%的市场份额。NFC 移动支付的流行归功于它的易用性和改进的安全选项。NFC 技使智能手机能够交换数据并充当支付设备。它存储客户的信用卡详细信息，并允许用户通过智能手机在 NFC POS 终端付款。NFC 移动支付还可以帮助商家获得运营成本优势，如减少现金处理和获得更有效的消费者参与。

很多公司也越来越多地将 NFC 技术融入其移动支付解决方案中，以实现快速、便捷的支付。例如，Apple 与各种金融机构合作，推出了 NFC 技术驱动的移动支付应用程序。一些 Android 和 Microsoft-Windows 智能手机也采用了 NFC 技术来帮助实现非接触式支付。

HCE 技术的出现是全球 NFC 移动支付市场的最新趋势之一。HCE 技术是一种设备上技术，可使移动或可穿戴设备在支持 NFC 的设备上执行卡仿真，而无须依赖对安全元件的访问。HCE 技术的日益普及促使银行采用这些解决方案，从而使用由指纹识别器和虹膜扫描仪等智能手机内置功能提供的安全功能。这将进一步巩固未来几年 NFC 移动支付在全球市场的领先地位。

2. 基于云的移动支付解决方案正在崛起

基于云的移动支付解决方案近年来在全球范围内得到了广泛采用，成为全球主要的移动支付趋势之一，让消费者可以方便地使用数字钱包。基于云的移动支付解决方案通过提供简单的支付等创新选项，提高了消费者的便利性，使支付流程更简单、更轻松。使用基于云的移动支付解决方案可以带来诸多好处，如灵活的业务模型、安全的环境、高级的标记化技术及对较少的中介的依赖性。例如，在旧金山，PayByPhone 提供的停车支付系统允许用户在其移动应用上延长他们的停车时间，该应用也可以跟踪剩余时间，并在停车时间即将结束时通知用户。这一趋势正在使基于云的移动支付市场在未来几年呈指数级增长。

3. 多因素身份验证技术越来越多地被采用

在移动支付交易过程中，采用多因素身份验证技术可以使用户的个人数据和财务数据将得到更好的保护，有助于未来移动支付市场的增长。多因素身份验证技术是一种验证技术，它使用两种或两种以上不同的身份验证方法来防止他人未经授权访问用户的财务详细信息。这种方法利用各种身份验证技术来验证移动设备上的支付交易，如智能卡、基于电话的认证和生物识别技术。

另外，移动设备在金融和电商交易中使用的增加也导致了其他生物识别技术的创新和集成，如移动设备中的指纹识别、语音识别、虹膜识别、签名识别、击键识别和面部识别。移动支付技术的整合将确保个人数据安全，并防止货币交易中的任何欺诈活动。

4. 移动商务正在推动移动支付市场

智能手机用户数量的不断增加和互联网的高度普及，导致移动商务在消费者中越来越受欢迎并在全球范围内获得广泛认可。这提供了多种优势，如为消费者提供多种支付选项、简化采购流程，以及由于激烈的市场竞争而提供更好的价格选择。

除了可以从远程位置轻松访问各种产品，移动商务还为客户提供了灵活和便捷的支付服务，通过移动设备采用无现金支付降低了移动商务零售商的运营成本并增加了收入。此外，移动钱包的处理费用比基于卡的交易低得多，而且还使移动商务供应商能够轻松跟踪和分析消费者数据。因此，移动商务企业将越来越多地采用移动支付，这将推动未来几年移动支付市场的增长。

5. 通过可穿戴设备进行移动支付

通过可穿戴设备进行移动支付是全球支付行业的另一个顶级移动支付趋势。由于可穿戴设备提供了非接触式支付的便利性，可穿戴支付在发达国家和发展中国家都产生了巨大的吸引力。可穿戴设备的销售增长也促使一些企业在它们的商店中安装 NFC POS 终端，以便客户可以进行非接触式支付。

随着一些供应商推出低价智能手表，智能手表的普及率也正在稳步上升。内置 NFC 芯片的智能手表将为用户提供轻松的移动非接触式支付选项。

8.4 跨境电商支付与结算的技术风险及防控

目前跨境电商支付与结算主要通过 SIWFT 进行，SWIFT 为金融机构提供了一个安全、规范和可靠的金融交易传输网络，但也面临着风险和挑战。

8.4.1 跨境电商支付与结算的技术风险的定义

跨境电商支付与结算的技术风险是指跨境电商企业通过互联网收付钱款，且跨境电商支付与结算涉及多个国家（或地区），因此在交易、转账的过程中会存在一系列的技术风险，如平台遭受黑客攻击、网络安全漏洞、内部数据被泄露、盗号篡改和刷单等，由此给跨境电商企业造成损失。

8.4.2 跨境电商支付与结算的技术风险的类型

跨境电商支付与结算的技术风险主要包括以下几类。

1. 盗号

盗号属于账户技术风险，是第三方支付行业面临的最常见的风险。盗号的主要表现形式为拖库、洗库和撞库，如图 8-4 所示。

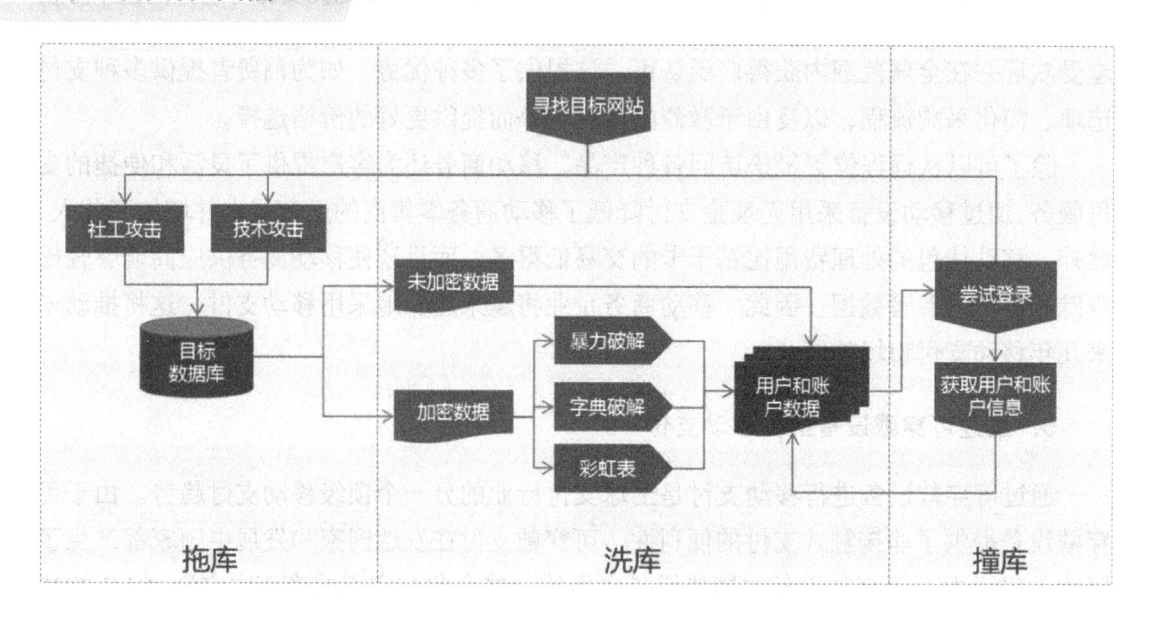

图 8-4 盗号

（1）撞库指通过大量用户数据分析，掌握用户相同的注册习惯，利用用户的这些注册习惯，尝试登录目标网站，窃取用户资料。

（2）洗库指利用字典表等暴力破解手段和利用彩虹表破解哈希算法等技术手段，对非法获取的数据进行解密分析。

（3）拖库指利用系统漏洞、第三方组件漏洞、SQL 注入攻击等手段，把注册用户的资料窃取出来。

2. 信息泄露

跨境电商支付与结算涉及身份证、银行卡、密码等敏感信息，如 PayPal 等平台因为系统漏洞被黑客攻击，泄露的信息被不法分子利用，将给用户带来损失。此外，用户和商户的支付金额、具体业务种类等信息都是各类机构判定用户信用状况的数据，一旦被不法分子掌握，造成的危害也是不容小觑的。

3. 刷单

刷单行为也是跨境电商支付与结算的技术风险之一。刷单包括小号刷单、虚拟机刷单等方式。此外，还有互相刷单、低价刷单、刷虚拟物品等常见的刷单行为。

小号刷单中的小号大部分是从专业刷单机构手中获取的，小部分是商家自己组织注册的。商家一般不会用自己的注册账号刷单，因为这样被封的代价太大。

虚拟机刷单是指商户通过使用虚拟机设备，在一个物理机上模拟多台机器访问的方式制造大量交易数据的行为。

8.4.3 跨境电商支付与结算的技术风险防控

针对跨境电商支付与结算的技术风险，跨境电商进出口企业可以采取以下措施来防控风险。

1. 搭建技术风险管理架构

面对时有发生的跨境电商支付与结算的技术风险，企业可以通过账户安全、交易安全、卖家安全、信息安全、系统安全等五大安全模块的组合来搭建技术风险管理架构，从而防止出现账户被盗用和信息泄露的情况，并最终借助管控交易数据等手段降低风险。

2. 审核交易信息

在跨境电商支付与结算的过程中，第三方支付机构应严格按照相关法律法规，并遵循有关部门发布的指导意见审核交易信息的真实性及交易双方的身份。第三方支付机构可适当增加交易过程中的信息交互环节，并留存交易双方的信息以便备查，对有异常的交易及账号进行及时预警，按时将自身的相关业务信息上报给国家相关部门。国家相关部门也应定期抽查并审核交易双方的身份信息，并对没有严格执行规定的第三方支付机构进行处罚。同时，相关部门应制定科学的监管方案对第三方支付机构进行监管，并促使第三方支付机构和海关、工商、税务部门进行合作，建立跨境贸易信息共享平台，使跨境电商支付与结算的监测更加准确和高效。在加强监管的同时，第三方支付机构也应加大技术的研发力度，提升跨境电商支付与结算的安全性，增加跨境电商支付交易数据的保密程度，利用大数据及国内云技术的优势对交易双方进行身份审核并分级，为境内/外客户提供更加安全、有保障的购物环境。

3. 建立反欺诈系统

除了搭建技术风险管理架构，企业还可以通过建立以数据驱动为核心的反欺诈系统来进行技术风险防控。不同于传统的反欺诈系统通过签名识别、证照校验、设备指纹校验、IP地址确认的审核方式，跨境电商反欺诈系统应拥有强大的实施模型、灵活的风险规则和专业的反欺诈判断标准。第三方支付机构还应该加强行业内部的风险共享和合作机制，因为一般犯罪分子在盗取一批信用卡信息之后会在多个交易平台上反复使用实现以价值的最大化，且往往把风控能力最弱的一方作为突破口，所以建立风险共享及合作机制就非常必要且非常紧急。只有各方齐心协力，才能从根本上有效提升跨境电商支付与结算的整体技术风险防控能力。

本章小结

跨境电商支付与结算需要专门的支付与结算系统及技术的支持来完成。支付系统从架构上来说分为三层：支撑层、核心层、产品层。人民币跨境结算专门的系统是 CIPS，其建设架构主要包括运行架构、参与主体及监管架构。跨境电商支付与结算系统的业务架构包含商户模块、资金通道模块、业务模块、金融模块、跨境核心清结算系统。目前跨境电商支付与结算主要通过 SIWFT 进行，SWIFT 为金融机构提供一个安全、规范和可靠的金融交易传输网络，但也面临着风险和挑战。与传统跨境电商支付与结算方式相比，区块链转账是在双方之间直接进行的，不涉及中间机构，即使部分网络瘫痪也不影响整个系统的运行，成本低廉。另外，移动支付技术也日渐成熟，这些技术都将成为跨境电商支付与结算的主流技术。

课后习题

一、选择题

1. 区块链技术的特点不包括（　　）。
    A. 去中心化　　　　　　　　　B. 高度透明化
    C. 集体维护　　　　　　　　　D. 不可篡改

2. 区块链技术与习总书记提出的"共同推动数字经济发展"和"一带一路"的倡议的思想是相吻合的，其最大的特点是（　　）。
    A. 分布式　　　　　　　　　　B. 去中心
    C. 分散式　　　　　　　　　　D. 去中介

3. 支撑移动支付的技术包含（　　）。
    A. 红外　　　　　　　　　　　B. RFID
    C. 短信　　　　　　　　　　　D. SIM

4. 跨境电商支付与结算技术面临的风险不包括（　　）。
    A. 盗号　　　　　　　　　　　B. 洗钱
    C. 刷单　　　　　　　　　　　D. 信息泄露

5. CIPS 建设架构主要包括（　　）。
    A. 运行架构　　　　　　　　　B. 商户模块
    C. 监管架构　　　　　　　　　D. 参与主体

二、判断题

1. 现在跨境电商支付与结算系统采用的是区块链技术。　　　　　　　　　　（　　）

2. 区块链转账不需要银行作为中介。　　　　　　　　（　）
3. 移动支付技术可以克服盗号的风险。　　　　　　　（　）
4. 目前 NFC 移动支付占据了移动支付市场大部分的份额。（　）
5. CIPS 是利用区块链技术建设的。　　　　　　　　（　）

三、简答题

1. 跨境电商支付与结算系统的架构是什么？
2. 区块链在跨境电商支付与结算中的应用优势有哪些？
3. 跨境电商支付与结算的技术风险的类型有哪些？

参考文献

[1] 王军海. 跨境电子商务支付与结算[M]. 人民邮电出版社，2018.

[2] 丁婷，孙文艳等. 国际结算与支付[M]. 中国海关出版社有限公司，2019.

[3] 帅青红. 电子支付与结算[M]. 东北财经大学出版社，2018.

[4] 柯新生，王晓佳. 网络支付与结算[M]. 电子工业出版社，2016.

[5] 李洪心，马刚. 电子支付与结算[M]. 电子工业出版社，2015.

[6] 张劲松. 网上电子支付与结算[M]. 人民邮电出版社，2019.

[7] 杨熳. 基于区块链技术的会计模式浅探[J]. 新会计，2017（9）：57-58.

[8] 张健. 区块链：定义未来金融与经济新格局[M]. 机械工业出版社，2016.

[9] 姚忠将，葛敬国. 关于区块链原理及应用的综述[J]. 科研信息化技术与应用，2017，8（2）：3-17.

[10] 周光友. 互联网金融[M]. 北京大学出版社，2017.